摩擦摆桥梁抗震性能研究

李 冰 著

· 北京 ·

内 容 提 要

摩擦摆支座利用球面滑动设计能够延长结构周期，通过滑动面往复摩擦消耗地震能量，以减小地震放大效应，同时具有良好的稳定性、复位功能和抗扭转能力，近年来在国内外桥梁工程中得到广泛应用。但目前我国还没有制定关于摩擦摆支座的国家标准，针对摩擦摆支座隔震桥梁能量响应理论分析和参数优化设计方法的研究还较少。因此需要构建准确的摩擦摆支座隔震桥梁等效线性化力学模型，对隔震桥梁能量传递及摩擦摆支座隔震耗能机制等问题进行深入研究。

本书可作为高等院校机械工程和土木工程学科专业学生的参考用书，也可供相关领域的工程技术人员参考阅读。

图书在版编目（CIP）数据

摩擦摆桥梁抗震性能研究 / 李冰著. -- 北京 : 中国水利水电出版社, 2020.9（2024.1重印）
ISBN 978-7-5170-8755-7

Ⅰ. ①摩… Ⅱ. ①李… Ⅲ. ①桥梁工程－抗震性能－研究 Ⅳ. ①U442.5

中国版本图书馆CIP数据核字(2020)第153258号

责任编辑：陈 洁　　　封面设计：邓利辉

书　　名	摩擦摆桥梁抗震性能研究 MOCABAI QIAOLIANG KANGZHEN XINGNENG YANJIU
作　　者	李 冰 著
出版发行	中国水利水电出版社 （北京市海淀区玉渊潭南路1号D座 100038） 网址：www.waterpub.com.cn E-mail：mchannel@263.net（万水） sales@waterpub.com.cn 电话：（010）68367658（营销中心）、82562819（万水）
经　　售	全国各地新华书店和相关出版物销售网点
排　　版	北京万水电子信息有限公司
印　　刷	三河市华晨印务有限公司
规　　格	170mm×240mm 16开本 12印张 230千字
版　　次	2020年9月第1版 2024年1月第2次印刷
印　　数	0001—3000册
定　　价	54.00元

作者简介

李冰，男，汉族，工学博士，1988年生，河南省中牟县人，现任华北水利水电大学机械学院讲师，河南省起重运输与工程机械创新型科研团队成员。主要研究方向为结构隔震与消能减震控制、结构抗震与加固工程，发表SCI/EI/中文核心检索论文10余篇，教改论文2篇，主持河南省高等学校重点科研项目1项，参与省部级课题4项，指导学生参加第三届中国大学生起重机创意大赛，获全国二等奖。

前　言

摩擦摆支座具有较好的综合隔震性能，目前已在国外桥梁的维修加固和新建工程中得到了广泛的应用。但目前关于摩擦摆支座只有少量的行业标准，还没有制定国家标准。在国内摩擦摆支座多用于建筑结构而较少应用于桥梁结构，对摩擦摆隔震桥梁的理论分析和参数优化设计的研究还很少，且存在一些不足和需要改进的问题。因此需要对摩擦摆支座力学模型等效线性化优化分析、隔震桥梁多目标参数优化以及基于能量法的摩擦摆支座参数优化设计方法等问题进行深入研究，同时对摩擦摆支座水平力学性能进行试验研究，试验结果可以为摩擦摆支座等效线性化力学模型的优化分析提供试验依据。鉴于此，作者特撰写本书，对摩擦摆桥梁抗震性能展开研究，全书主要研究内容如下：

(1) 利用 SAP2000 建立摩擦摆连续梁桥非线性动力学有限元模型，研究地震激励动力学特性（加速度幅值、频谱特征）、摩擦摆支座滑道半径及摩擦因数对摩擦摆支座滑动位移的影响，通过最小二乘法拟合对摩擦摆支座滑动位移的计算方法进行优化分析并制定我国不同抗震设防区域摩擦摆支座设计位移值的选取方法。建立摩擦摆连续梁桥动力学平衡方程并研究地震响应理论求解方法，以高速铁路桥梁为研究对象，分别采用有限元仿真和理论方法对隔震桥梁的地震响应进行分析，研究滑动位移优化后推荐公式对隔震桥梁主梁加速度幅值、主梁位移幅值及桥墩底部剪力幅值计算精度的影响。

(2) 利用 ABAQUS 建立摩擦摆支座有限元模型并进行非线性静力学分析，研究混凝土桥墩支承对摩擦摆支座应力及变形分布的影响，分析滑动位移对摩擦摆支座应力幅值及应力分布的影响，并对结构强度安全系数较低的组成构件提出改进方案。利用有限元仿真研究地震波维数对隔震桥梁地震响应的影响。研究不同地震激励和地震波加速度幅值时摩擦摆支座的隔震性能，并以控制主梁位移和加速度幅值、桥墩底部剪力幅值为目标，采用多目标参数优化方法对摩擦摆支座滑道半径及摩擦因数进行优化分析。

(3) 建立摩擦摆隔震桥梁能量平衡方程并通过 MATLAB 编程研究隔震桥梁能量响应时程曲线求解方法，将理论方法与有限元非线性动力学仿真得到的能量响应曲线进行对比分析，研究理论分析得到隔震桥梁能量响应曲线的计算精度。建立隔震桥梁和非隔震桥梁有限元模型，研究不同工况时摩擦摆支座的隔震性能，并分析地震动特性及摩擦摆支座主要参数对地震输入能量的影响。以控制隔震桥梁的结构响应能量幅值为目标，同时保持摩擦摆支座具有较高的耗能比，研究不同输入地震波时摩擦摆支座的滑道半径及摩擦因数最优值范围。

(4) 对摩擦摆支座水平力学性能进行试验研究，分析摩擦摆支座的滞回曲线特征以及滑动位移值对摩擦摆支座初始刚度、等效刚度、等效阻尼比及振动周期等力学参数的影响，并将理论方法与试验研究得到的摩擦摆支座力学参数进行对比分析，为理论分析计算结果提供试验依据。

本书语言精练、结构完整、逻辑严密、层层深入，既从理论层面深入研究了摩擦摆桥梁的抗震性能，又通过试验加以佐证，可作为普通高等院校机械工程和土木工程专业学生的辅助教材，也可供相关领域的工程技术人员参考阅读。

本书的顺利出版获得河南省高等学校重点科研项目计划资助（项目编号：18A460004）；华北水利水电大学高层次人才科研启动项目（4001/40555）。本书是作者在总结多年研究成果的基础上，广泛收集国内外最新科研成果撰写而成的。在撰写本书的过程中，得到了许多同领域专家学者的指导和帮助，在此特向为本书提供指导帮助的专家学者，以及所参考文献的作者，表示真诚的感谢。

由于作者水平有限，加之时间仓促，书中难免会有不足之处，欢迎同领域专家学者以及广大读者朋友批评指正。

作者

2020 年 4 月

目　录

第1章 绪论

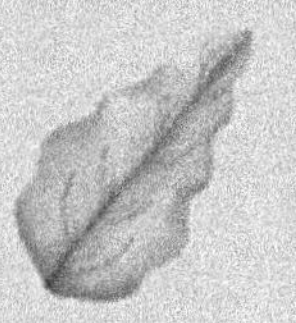

对于现代桥梁的建造、维修和加固而言，深入研究摩擦摆桥梁的抗震性能具有十分重要的意义，本书将就此展开全面、系统、深入的研究讨论。作为本书的第一章，这里首先就摩擦摆桥梁的研究背景、研究现状、设计结构等内容进行简要概述，为全书的研究奠定基础。

1.1 研究背景及意义

地震是一种具有极强破坏力的自然灾害，能够造成大量的人员伤亡、建筑物及桥梁结构的破坏甚至倒塌[1]。我国是世界上发生地震灾害最多的国家之一，烈度为 7 度以上的高烈度地震覆盖了近一半的国土面积，其中包括很多省会城市和拥有众多人口数量的大城市[2]。1976 年唐山大地震造成了非常严重的人员伤亡，且铁路、公路桥梁受到了严重破坏，给灾后救援带来了非常大的困难[3]（图 1-1）。2008 年汶川大地震中有多座桥梁垮塌，造成交通运输中断，严重影响了抗震救灾工作，地震中震害严重的桥梁多表现为上部结构移位过大或者落梁，但地震对桥墩的破坏程度较轻[4]（图 1-2）。

图 1-1　桥梁支座破坏（唐山地震）[3]

在国内外发生的多次大地震中，作为生命线工程的桥梁均遭受了严重破坏，致使大量公路及铁路中断，不仅引发了各种次生灾害，更给震后的救灾重建工作带来了极大的困难[5]。随着世界经济发展和人口城市化进程的加快，现在同等强度的地震往往会产生更加严重的破坏效果，这就对结构提出了比以往更加严格的抗震安全性和适用性要求。传统结构抗震设计方法是通过增强结构自身的强度和刚度来抵御地震作用并吸收地震能量，允许抗震结构承受较大的地震力和地震输入能量，并且需要对结构允许出现塑性铰的部位进行专门的延性设计。但传统抗震设计方法还存在很多问题：由于地震的随机性，当地震烈度超过结构的抗震设防烈度时，会造成结构的严重破坏甚至发生倒塌现象；采用一定的柔性结构可以保证人身安全，但发生震灾后会造成结构倾斜以致地震后结构不能维持原有的使用功能；传统抗震方法以“抗”为主要途径，通过加大结构断面及加多配筋来抵抗地震将会大大增加抗震成本。

图 1-2　桥梁主梁脱落（汶川地震）[4]

近年来工程隔震技术有了快速发展[6]，隔震技术的目的是为了将结构与地震激励分离开来，其基本原理是在基础结构和上部结构之间设置隔震层并利用隔震装置的耗能能力消耗地震输入能量，同时可以控制隔震结构的位移幅值，从而降低结构的动力学响应，达到对结构的保护作用[7-9]。为了确保隔震装置具有良好的稳定性和减隔震效果，设置在基础结构和上部结构间的隔震装置需要具备以下四项特性[10,11]：

（1）具有足够的竖向刚度和竖向承载力，保证结构在正常使用和强震作用下能够安全支承上部结构的所有重量。

（2）隔震装置具有可变的水平刚度特性，在强风和轻微地震下需要有足够的初始刚度，确保结构的稳定性及使用功能；在强烈地震发生时隔震装置水平刚度减小并具有充分的变形能力，使“刚性”的抗震系统变为“柔性”的隔震系统，并增大隔震结构的振动周期，从而降低结构的地震响应。

（3）具有较强的复位能力，在地震结束后上部结构能够运动到初始位置，保证结构的正常使用功能。

（4）能够通过阻尼耗能降低地震波向上部结构传递的能量，同时限制隔震层的最大变形，避免结构与长周期的地震波产生共振效应。

美国、日本、新西兰等国家及我国台湾地区的隔震技术及隔震装置发展迅速[12-14]，很多新建和维修加固的建筑物及桥梁工程已经应用了隔震装置及隔震技术，一些采用隔震技术的建筑物及桥梁已在地震中经受住了考验，隔震技术相比于传统的抗震技术具有更好的抗震效果。但我国在隔震技术方面的研究起步较晚，且隔震装置多应用于建筑物，在桥梁中的应用很少。2020年我国铁路运营总里程已突破15万km，其中高铁运营总里程超过3万km，城区常住人口100万以上的城市高铁覆盖率达到80%以上。由于我国高铁技术完善、运营成熟、性价比高，已经与巴西、俄罗斯、泰国等国家进行了高铁项目合作，未来中国高铁将辐射亚洲、非洲、美洲等区域。近年来世界范围内破坏力较大的地震频频发生，我国铁路桥梁有很大一部分分布在地震频发的山区及地震带上，因此对桥梁隔震技术进行理论分析并研究隔震装置的参数优化方法，对提高铁路桥梁的抗震性能具有重要意义。本书以高速铁路连续梁桥隔震系统为研究对象，对摩擦摆隔震桥梁的耗能隔震性能及摩擦摆支座的参数优化方法进行深入的研究。

1.2 减隔震装置研究现状

1.2.1 铅芯橡胶支座

铅芯橡胶支座通过薄钢板和橡胶交替叠加而成，在橡胶中心位置嵌入了一根或数根圆柱形铅芯[15]（图1-3），钢板对橡胶的约束作用大大提高了支座的竖向承载能力，铅芯提供了支座的耗能能力及静力载荷作用下所必需的屈服强度，在较小水平力作用时具有较高的初始刚度。在强地震波作用时铅芯通过塑性变形产生阻尼效应消耗地震输入能量，同时能够延长结构自振周期[16]。

国外科研工作者对铅芯橡胶支座进行了大量的理论分析和试验研究，

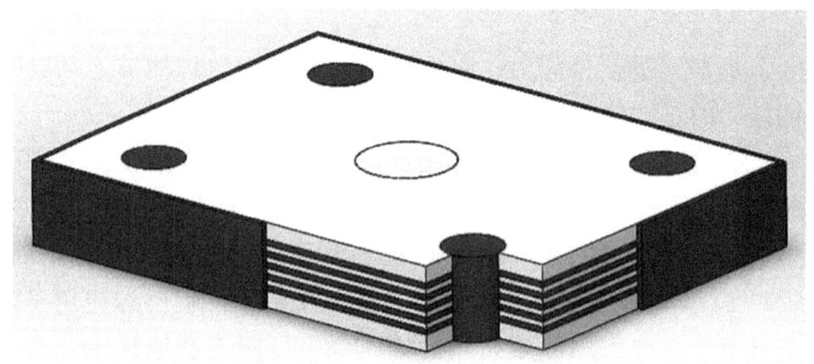

图 1-3 铅芯橡胶支座

目前铅芯橡胶支座已经广泛应用于建筑物及桥梁结构，能够大大提高结构的抗震能力。Lee 等研究了竖向压力对铅芯橡胶支座剪切方向力学性能的影响，并根据研究结果得到了剪切方向力学性能与竖向压力的经验计算公式[17]。Robinson 通过试验得到了铅芯橡胶支座的滞回曲线，并介绍了铅芯橡胶支座在不同建筑物上的应用，1994 年洛杉矶地震发生后采用了铅芯橡胶支座的建筑物仍然能够满足正常使用需求[18]。Hwang 基于双线性滞回模型得到了铅芯橡胶支座等效线性化的经验公式，可以用来计算铅芯橡胶支座的等效线性刚度和等效阻尼比[19]。Gokhan 研究了双向地震波作用下铅芯橡胶支座的发热情况，结果表明双向地震波作用下支座的上升温度比单向地震波作用时高出了 50%，温度升高值随着支座屈服后周期的增大而减小[20]。Kim 将铅芯橡胶支座在 70℃的条件下放置了 168h，并对放置前后支座的竖向和剪切方向的力学性能进行了对比分析，试验结果表明随着温度和放置时间的增加，支座的抗拉强度和伸长率变差，且橡胶材料的硬度呈上升趋势[21]。Jin 等研究了橡胶材料和铅芯性能与温度变化的相关性，分别在温度为-10℃、0℃、10℃、20℃、30℃、40℃时进行了压缩剪切试验，试验结果表明支座特征强度、屈服后刚度、等效刚度及等效阻尼比均受到温度的影响，并得到了主要力学参数与温度的关系式[22]。Kalpakidis 等提出了一种更加合理的缩小铅芯橡胶支座模型尺寸的试验方法，并与全比例模型的试验结果进行了对比，研究结果表明该种方法得到的铅芯橡胶支座力学参数具有较高的精度[23]。Ioannis 等通过试验全面系统地研究了温度以及加载方式对铅芯橡胶支座力学性能的影响[24]。Olmos 对非隔震桥梁、橡胶支座隔震桥梁及铅芯橡胶支座隔震桥梁在不同场地特征、不同跨度及不同桥墩高度等多种工况时的地震响应进行了研究，并对主梁位移、主梁加速度及桥墩地震力响应进行了分析，结果表明铅芯橡胶支座的非线性特性对桥梁的抗震性能具有重要的作用[25]。

我国学者针对铅芯橡胶支座的研究也取得了较大的进展。江宜城等通过试验和有限元仿真研究了多铅芯橡胶支座的滞回曲线，结果表明多铅芯橡胶支座性能稳定，具有很好的耗能隔震能力[26]。李祯通过水平双向加载试验得到了铅芯橡胶支座的滞回曲线以及扭矩与隔震层转角的关系，结果表明采用双向加载试验得到的剪切阻尼比及扭转阻尼比均小于单向加载试验得到的结果[27]。杨凤利采用有限元仿真研究了铅芯橡胶支座屈服比的优化方法并提供了最优屈服比选择依据，提高了隔震支座的耗能减震能力[28]。辛伟研究了铅芯直径对铅芯橡胶隔震支座力学性能的影响，结果表明铅芯橡胶支座在极限位移状态下的阻尼比和屈服力随着铅芯直径的增大而显著增大，但铅芯直径对屈服后刚度影响较小[29]。吴彬对铅芯橡胶支座进行了静力加载试验及全桥动力学响应分析，得到了设计参数的回归公式并通过动力学分析验证了回归公式的合理性[30]。聂肃非对铅芯橡胶支座应力分布进行了理论研究，并对铅芯橡胶支座不同等效线性化方法进行了对比分析，得到了采用不同等效方法时隔震桥梁的地震响应[31]。刘文静研究了隔震桥梁行车舒适度、碰撞响应、可靠性及铅芯橡胶支座等效线性化方法，研究结果表明通过调整伸缩缝宽度和隔震支座刚度，在适当降低地震响应的同时能够确保桥梁不产生碰撞作用[32]。虽然目前隔震装置中应用最为广泛的依然是铅芯橡胶支座，但铅芯橡胶支座稳定性不高、承载能力有限、耐腐蚀性差等特点也限制了其在桥梁减隔震工程中的应用和发展。

1.2.2 摩擦摆支座

摩擦摆支座是应用了摩擦滑移耗能技术的一种隔震装置，利用自身重力作用和圆弧滑动面可以在地震结束后自动复位（图1-4）。摩擦摆支座自振周期仅与滑道半径有关而不受上部承载重量的影响，在地震作用时能够通过滑块往复摩擦耗能消耗地震输入能，减少地震能量向上部结构的传递，从而在地震中对结构起到保护作用，由于其具有对地震激励频率范围的低敏感性和高稳定性、较强的自限位及复位能力、优良的隔震和耗能机制等综合性能，逐渐成为了一种具有发展前景的隔震装置。摩擦摆支座最早由美国EPS公司于1985年发明[33,34]。目前国外已经有部分桥梁安装了摩擦摆支座进行隔震设计，国内则主要应用于建筑物结构而很少应用于桥梁工程，今后仍需结合我国桥梁特点及抗震规范要求，对摩擦摆支座在桥梁中的隔震性能进行更加深入的研究[35]。

随着经济的发展以及人口城市化进程的加速，超高层建筑在越来越多的国家和地区拔地而起；在桥梁建设方面，更多的桥梁需要建设在抗震设防烈度比较高的区域，而且高墩、大跨度桥梁越来越多。因此摩擦摆支座作为一种承载能力更高、设计位移更大、隔震效果更好的隔震装置，国内外学者对其进行了很多的理论分析和试验研究。

图 1-4　摩擦摆支座

Constantinou 通过振动台试验研究了动态载荷作用下摩擦摆支座聚四氟乙烯材料与钢材料间的摩擦特性，分别选用了不同的竖向压力、激励频率和激励加速度幅值进行了试验分析，结果表明摩擦因数随着加速度的降低和竖向压力的增加而减小，且摩擦摆支座可以有效阻止高频波向上部结构的输入[36]。Mokha 研究了滑动速度、滑动加速度、承载压力及表面光洁度等参数对滑动面摩擦特性的影响，结果表明滑动速度和竖向压力对其有较大影响，而滑动加速度对其影响较小，动态载荷下的摩擦因数为静态载荷时的 2 ～ 4 倍[37]。Mokha 研究了双向动态载荷作用下摩擦摆支座的力学特性，结果表明摩擦摆支座在双向滑动时存在耦合效应，计算中忽略耦合效应会造成隔震系统位移幅值偏小，而结构的剪切力幅值偏大[38]。Eric 等研究得到了可变系数的摩擦摆支座单元，通过建立点与点之间的接触单元进行有限元建模，同时考虑了摩擦作用与速度及压力的相关性，并模拟了摩擦摆支座在两个滑动方向的耦合效应，最后通过试验验证了模型的准确性[39]。Danie研究得出了双曲面摩擦摆支座的力学模型，结果表明支座具有很好的滑动位移能力，且两个滑动面可以设计不同的滑道半径和摩擦因数[40]。Tsai提出由若干个子系统组成的等效串联系统来模拟摩擦摆支座的滞回特性和非线性特性，并通过对比前人的研究结果验证了该模型的有效性[41]。目前国外很多桥梁和建筑物都采用了摩擦摆隔震技术进行结构的加固或者新建，如旧金山国际机场、位于密西西比河上的1-40大桥、位于加拿大的特斯林河大桥及位于土耳其的欧洲高速公路桥梁等。

龚健概述了摩擦摆支座的分类及性能，简要介绍了摩擦摆支座的研究现状及应用情况，并提出了隔震技术研究与应用中存在的问题，如摩擦摆隔震系统目前还没有形成完善的优化方法，摩擦摆隔震结构模型的缩尺和足尺试验研究，具有自主知识产权的新型摩擦摆隔震支座设计开发等需要解决的问题[42,43]。刘昕铭利用ABAQUS建立了二维平面应力模型代替三维模型进行简谐载荷作用下的拟静力加载试验，研究结果表明摩擦摆在每个循环周期内的耗能量与滑移量、摩擦因数及正压力成正比，基本不受滑道半径的影响[44]。龚健等利用力学平衡方程，推导出了摩擦摆支座的等效刚度、等效阻尼比及最大残余位移等力学参数，并利用ABAQUS建立有限元模型得到了摩擦摆支座的滞回曲线[45]。李大望等对摩擦摆系统稳态随机响应、振动特性及稳态响应概率分布进行了研究，结果表明摩擦摆系统的滑动转角和速度响应具有复杂的非高斯分布特征，摩擦摆支座具有很好的水平隔震效果[46-48]。孙敏建立应用了摩擦摆支座的建筑结构非线性振动微分方程，并利用MALTAB中的Simulink模块建立了动力学仿真模型，可以用来进行隔震系统的动力学响应及可靠性评估的计算[49]。涂劲松利用振动台试验和有限元仿真建立了摩擦摆高层建筑结构的模型，研究了不同地震波作用时摩擦摆支座的力学性能和隔震效果，结果表明摩擦摆支座对于复杂的高层建筑结构具有较为理想的隔震能力[50]。邓雪松对变曲率摩擦摆隔震支座、双凹摩擦摆隔震支座进行了理论分析和数值仿真分析，结果表明两种支座的滞回曲线饱满且具有很好的隔震效果，变曲率摩擦摆隔震支座能够较好解决系统低频共振问题，双凹摩擦摆隔震装置等效刚度与两个滑动面的半径之和成反比例关系，隔震周期仅受到滑道半径的影响[51,52]。王兴国等对单层FPS隔震结构的平动扭转耦合性能进行了研究，对比分析了结构不同偏心程度、支座滑道半径及摩擦因数对地震响应的影响，研究结果表明摩擦摆可以降低偏心结构带来的影响，摩擦摆隔震效果随着摩擦因数的增大而减弱[53]。薛素铎提出了具有竖向抗拔性能的新型摩擦摆支座，可以避免竖向地震波作用时上支座板和滑块的分离，研究了竖向载荷和滑动速度对支座隔震效果及摩擦因数的影响，结果表明支座具有很好的耗能能力，摩擦因数随着滑动位移和加载频率的增加呈现增大趋势，而竖向压力对摩擦因数的影响较小[54]。

国内外学者对不同类型的摩擦摆支座进行了很多的理论与试验研究，但目前仅有关于公路桥梁摩擦摆隔震装置较为简单的行业标准，还没有制定出摩擦摆支座的国家标准。摩擦摆支座依然是较多应用于建筑物结构，而国内应用了摩擦摆支座的隔震桥梁更是只有苏通长江大桥的引桥、武汉天兴洲长江大桥等少数桥梁[55]。随着隔震技术工程应用背景的日益复杂和多样化，需要对摩擦摆隔震桥梁理论分析和优化设计方法进行更加深入的研究。

1.3 桥梁减隔震技术研究现状

1.3.1 减隔震技术发展历程

早在一千多年前，我国就成功地应用了隔震消能的概念和技术，如西安大雁塔、河南嵩山会善寺主塔等，将建筑结构基底砌筑在条石、整体片石或块石上，条石、片石或块石之间柔性叠砌且容许产生相对滑动，地震时形成了" 隔震" 或耗能基础，大大减弱了结构的地震响应。在世界范围内为了提高结构的抗震能力，很早就提出了将结构与地震分离开来的抗震方法，1881 年日本人河合浩藏提出了在横竖交替放置的多层圆木上建造房屋结构，这是世界上有最早记录的隔震思想。1906 年德国人 Jacob Bechtold 提出了在建筑物底部放置用硬材料制成的球体支承着刚性底板的结构来隔震并申请了美国专利。1909 年英国一位医生提出了在建筑底部用一层沙或滑石将建筑与基础隔离开的隔震思想。1921 年采用隔震技术的东京帝国饭店建成，建筑下部采用硬土层及软泥层的组合方法进行隔震设计。1927 年中村太郎提出了增加结构阻尼器并吸收地震输入能量的抗震方法。1929 年美国人 Martel R. R. 提出了增加结构底部柔性的隔震技术方法（FFS 方法）。1935 年美国人 Green 研究表明采用 FFS 方法进行结构隔震设计时，柔性底层柱产生较大的横向变形会同竖向载荷产生耦合效用，会增加柱的屈曲变形。1965 年日本人松下清夫在新西兰世界地震工程会议上提出了摆动隔震装置作为隔震层的抗震方法，并通过解析方式对隔震技术进行了论证。20 世纪 70 年代，新西兰人 Skiner 等研发了铅芯橡胶隔震支座，为隔震技术进入实用阶段做出了巨大的贡献。1990 年以后隔震技术的理论体系逐步建立且应用更加成熟。1994 年洛杉矶大地震和 1995 年日本神户大地震中的隔震建筑显示了出色的抗震能力，经受住了地震的考验。。

1.3.2 隔震桥梁原理及研究现状

作用在桥梁结构上的地震动载荷会使桥梁结构产生很大的内力和位移，桥梁隔震目的是为了控制主梁结构的动力学响应，同时减小桥墩底部的剪力和弯矩，从而对整个桥梁结构起到保护作用，提高桥梁结构的抗震能力。桥梁隔震主要通过以下方式达到减小结构地震响应的目的[56]：

（1）延长桥梁的周期。从结构动力特性来讲，设置隔震层后结构整体基频降低，桥梁基本周期大大延长，使整个结构体系避开场地震动的主要频带。图 1-5 为结构的加速度反应谱，采用隔震技术能够增加结构的自振周期，避开地面激励的卓越周期，减小隔震结构的加速度响应，从而确保地震发生时及震后桥梁的使用功能。

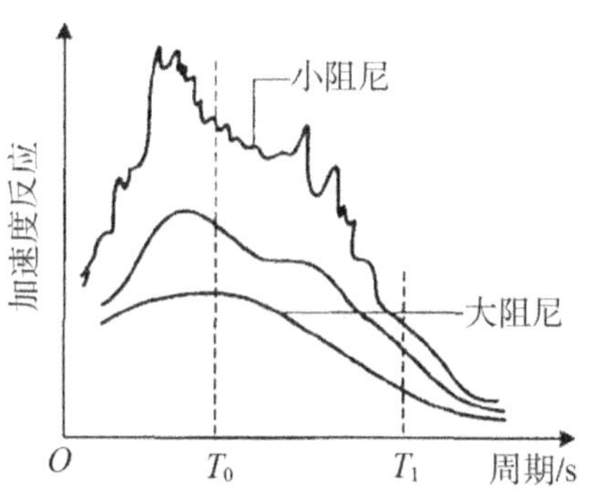

图 1-5　加速度反应谱[56]

（2）增加结构阻尼。图 1-6 为结构的位移反应谱，延长结构的周期会造成结构的位移响应增大，为了控制结构的位移响应，避免桥梁由于过大位移造成的碰撞损坏，需要安装阻尼装置，增大桥梁结构阻尼，从而将位移响应控制在允许的范围内。

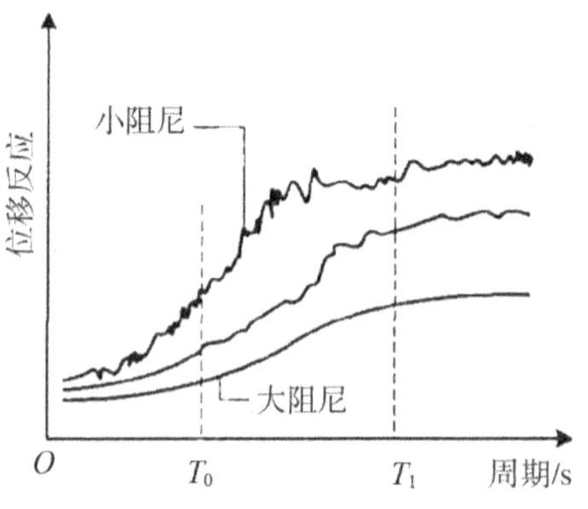

图 1-6　位移反应谱[56]

（3）各桥墩共同承担地震力。采用隔震技术的桥梁，由于每个桥墩或墩台顶部均按设计要求安装了合适的隔震装置，各桥墩或墩台水平刚度已大致相同，当地震作用时所有墩台共同承担水平地震力，从而改变地震力集中于某几个固定桥墩或墩台的不利情况，改善了桥梁的内力分布。

随着国内外学者对隔震桥梁系统的研究越来越多以及隔震技术应用的逐渐成熟，更多的桥梁结构在加固和新建时应用了隔震技术（图 1-7）。Hwang 研究表明规则型隔震桥梁可以近似简化为双自由度系统模型，桥梁的主梁和桥墩可以简化为质点单元，隔震装置可以进行等效线性化处理[57]。Suhasini 研究了不同类型的摩擦摆支座在隔震桥梁中的抗震性能，通过简化后的等效集中质量建立了有限元模型，研究了摩擦摆支座主要参数对地震动力学响应的影响，结果表明摩擦摆支座可以显著地降低基底剪力和弯矩，具有良好的隔震能力[58]。Claudia 通过试验、理论及有限元仿真对 XY 型摩擦摆支座在桥梁中的抗震性能进行了研究，建立了桁架式钢桥的振动台试验

（a）

（b）

图 1-7　隔震装置在桥梁中的应用[34]

装置，研究结果表明该种支座在竖向具有抗拉能力，不同隔震周期下支座的理论滞回曲线与试验结果一致，该支座在近地场地震波作用下的极限位移要小于远地场地震波作用下的极限位移[59]。Jerry 研究了近地场地震运动对铅芯橡胶支座隔震桥梁隔震性能的影响，结果表明近断层效应对铅芯橡胶支座耗散能量与总输入能的比值影响较小，在等效阻尼和等效周期相同时具有更高非线性特性的支座能够有效降低加速度响应幅值，但同时响应位移会有较小的增加[60]。Kunde 对隔震桥梁的研究内容进行了综述性介绍，虽然目前通过理论和试验方法对隔震装置的参数优化进行了较多的分析，但 Kunde 提出了需要进行更深入研究的内容，包括斜交桥和弯曲桥应用隔震装置的抗震效果，地震动运动相互耦合效应对桥梁地震响应的影响，主动控制与半主动控制隔震方法在桥梁抗震中的应用等[61]。Dicleli 利用摩擦摆隔震装置对伊利诺伊州的一座桥梁的抗震加固方案进行了研究，建立了桥梁抗震结构的非线性分析模型，考虑土壤和桥相互作用的非线性行为并对加固后的桥梁进行了动力学分析，结果显示摩擦摆隔震装置能够减小地震响应幅值，但同时会增大上部结构的位移，需要提供能够产生更大位移的伸缩缝结构来适应桥梁的位移变化。采用隔震装置进行抗震加固相较于传统方法需要更少的资金和更短的施工周期[62]。Jangid 建立了铅芯橡胶支座隔震桥梁的等效线性化力学模型，并得出了计算隔震桥梁系统动力学响应幅值的简化方法，以此为基础研究了铅芯橡胶支座屈服强度对隔震性能的影响，结果表明地震波加速度幅值影响支座最优屈服强度的选择；可以忽略桥墩塑性变形的影响，力学模型采用弹性力学进行建模和计算；在特定工况下存在最优的屈服强度使隔震系统的加速度幅值达到最小值，而支座的位移随着屈服比的增大而减小。最优屈服强度随着粘性阻尼系数和刚度的增加而增大[63]。Diclei 提出了一种混合隔震系统用于桥梁结构的抗震设计，隔震装置采用在桥台处设置叠层橡胶支座，桥墩处设置滑动摩擦支座的布置方式。研究结果表明该种混合隔震系统能够在控制强风引起振动的同时减小隔震支座的尺寸，控制隔震支座在较弱地震波作用下的支座位移，而在强地震波作用时可以使每个桥墩受到更加均匀的地震力[64]。Sevket 以弯曲连续梁桥为研究对象，将双凹摩擦摆隔震支座设置于桥墩和桥面之间，利用仿真软件建立了动力学有限元模型，通过一系列等效线性弹簧进行模拟，利用反应谱法对隔震桥梁系统进行了动力学分析，结果表明由于受到了桥墩弹性刚度和结构的惯性力作用的影响桥墩和桥台处的支座位移是不相等的，隔震装置使桥面加速度幅值减小而位移幅值增大[65]。Murat 以安装了摩擦摆支座的连续梁钢桁架桥为研究对象，建立了三维非线性有限元分析模型进行了动力学分析，结果表明应摩擦摆支座应用于刚性桥梁时具有更好的隔震效果，且竖向动载荷对刚性桥梁的地震响应影响很大。上部结构质量大的桥梁安装的摩擦摆支座需要具有更大的承载能力，但支座设计位移可以适当减小[66]。

Bedon 以意大利北部的两跨预应力混凝土桥梁为研究对象，桥梁安装了六个弹性隔震装置达到抗震作用，桥梁所处区域为地震发生频率很高的地区，通过动态监测设备对该桥梁在地震下的动力响应进行了大量的记录，并以此为基础对该桥梁的有限元模型进行优化得到了精确的动力学模型，结果表明隔震装置的剪切刚度是保证力学模型准确性的关键参数[67]。Siqueria 以加拿大西部某一桥梁的加固改造为研究对象，该桥梁采用了弹性支承代替了天然橡胶支座，建立该桥梁的三维有限元模型并进行了动力学仿真，结果表明弹性支承能明显降低桥墩和地基受到的破坏程度，而桥台与翼板间的间距过小会增加翼板的损坏概率[68]。Atmaca 建立三维有限元模型研究了摩擦摆支座对于斜拉桥动力响应的影响，不同地震波作用时的非线性分析结果表明摩擦摆隔震装置可以降低地震波对斜拉桥的破坏程度[69]。Krishnamoorthy 提出了可变频率及摩擦因数的新型摩擦摆支座，并应用于三跨连续梁桥进行了动力学分析，结果表明该支座对于低频率的地震动输入也有很好的隔震效果，在降低桥梁剪力的同时不会增大支座的位移幅值[70]。Yurdakul 建立了大跨度公路桥梁的三维有限元模型，研究了非隔震、单滑动面支座及三滑动面支座的抗震性能，得到的轴向力、剪切力及剪切弯矩结果表明三滑动面支座具有更好的抗震效果[71]。Tsopelas 对隔震桥梁进行了振动台试验，试验台加速度幅值为 $0.1 \sim 1.1g$，摩擦摆摩擦因数范围为 $0.07 \sim 0.12$，试验结果表明竖向地震波对桥梁水平方向地震响应影响很小，桥墩剪切力与竖向载荷的比值范围为 $0.15 \sim 0.27$[72]。

李正英在博士论文中研究了大跨度拱桥减震控制方法，根据拱桥的结构特点提出了使用黏性阻尼器的不同减震方案，并构建了大跨度拱桥的力学分析模型，利用动力学方程的求解研究了黏性阻尼器的减震性能[73]。徐凯燕在博士论文中以斜拉桥为研究对象，使用铅芯橡胶支座和粘性阻尼器作为隔震装置，建立了斜拉桥在不同激励下的动力学振动方程，并对隔震系统在斜拉桥中的抗震性能进行了分析[74]。岳福青在博士论文中以城市高架桥梁为研究对象建立了隔震桥梁碰撞力学模型，得到了碰撞临界间隙的公式，并利用试验台进行了桥梁碰撞反应试验[75]。于芳在博士论文中以铅芯橡胶支座为隔震装置，建立了铁路桥梁车桥耦合力学模型，分别利用MATLAB编程和ANSYS有限元仿真对隔震系统的动力学响应进行了求解，并利用耗能和非耗能两种限位装置增加了铅芯橡胶支座的初始刚度及屈服强度，提高了行车的安全性和舒适性[76]。吴彬在博士论文中对铅芯橡胶支座进行了力学性能的试验研究，并利用单墩模型研究了铅芯橡胶支座隔震桥梁在地震波作用下的动力响应，研究结果表明铅芯橡胶支座的隔震率可以达到50%以上[77]。王常峰在博士论文中对隔震桥梁中的非线性问题进行了深入的研究，提出了非线性接触模型、材料非线性等问题的解决方法，以平面滑动摩擦支座为隔震装置研究了不同参数对隔震桥梁动力响应的影响，并提出了需要考虑竖向地震波对桥梁动力响应影响的建议[78]。贾俊峰在博士论文中对近断层三维地震动特性进行了分析，并研究了其对桥梁动力响应的影响，利用铅芯橡胶支座和蝶形弹簧构造了新型隔震装置，并通过有限元仿真和1/25等比例缩小模型试验方法对新型隔震支座的隔震效果进行了分析[79]。

罗列建立了离散结构的铅芯橡胶支座三跨连续梁桥模型，研究了双向地震波作用下桥梁结构参数和支座参数对隔震桥梁动力学响应的影响，结果表明桥墩刚度及支座屈服强度、初始刚度及硬化比对隔震桥梁地震响应有较大影响[80]。陈永祁介绍了摩擦摆隔震装置在国内外桥梁、建筑工程中的应用，并将摩擦摆支座和铅芯橡胶支座的力学性能进行了对比分析，结果表明摩擦摆支座的力学性能优于铅芯橡胶支座[81]，同时对部分隔震桥梁的失效原因进行了分析，Bolu高架桥的隔震装置设计位移能力没有满足相关规范的要求，日本Neton桥梁橡胶隔震装置由于冷冻硬化造成了桥梁的承载能力下降[82]。陈令坤建立了铅芯橡胶支座的力学模型并进行了力学性能的分析，以高速铁路桥梁为研究对象分析了隔震装置对桥梁动力响应的影响，结果表明通过支座力学性能的优化可以降低桥墩底部剪力，同时有效控制梁体位移和支座变形，达到良好的抗震能力[83]。田力建立了摩擦摆支座的连续摩擦力力学模型，研究了爆炸后的地下冲击波对摩擦摆连续梁桥的冲击作用，计算结果同普通橡胶支座及刚性球铰支座抗震能力进行了比较，结果表明摩擦摆支座具有更好的隔震效果[84]。张俊平以国内布谷孜大桥为研究对象，提出了更加完善的设计方法应用于隔震桥梁，并通过振动台试验研究了隔震桥梁的抗震性能，为隔震桥梁的设计提供了理论依据[85]。张永亮以高墩大跨度简支梁为研究对象，研究了竖向地震波对摩擦摆隔震桥梁动力响应的影响，结果表明竖向地震动强度对桥墩墩顶位移、墩底弯矩和剪力影响较小，但随着地震动强度的增加会影响摩擦摆支座顺桥向和纵桥向的耗能能力[86]。

总体来讲，将隔震技术应用于桥梁的维修加固和新建工程中往往能够表现出更加出色的抗震能力，国内外学者也针对不同的桥梁工程应用设计了各具优势的隔震装置。但目前大多数试验研究均采用的是大比例缩小后的桥梁模型，得到的结果与桥梁实际地震响应的结果误差较大，有限元仿真虽然能够得到精度较高的计算结果，但需要对各个研究对象依次建立精确的非线性动力学模型，而针对我国桥梁结构特点进行的隔震桥梁设计及动力学分析多采用铅芯橡胶支座作为隔震装置。

1.4 基于能量法的结构抗震设计

随着抗震技术的发展和理论研究的不断深入，分析方法也经历了由静力学分析到基于性能的抗震设计方法分析阶段，基于性能抗震设计的基本思路是使整个结构在不可预期的地震波作用下仍然能够满足预先设定的性能或一定使用功能的要求，目前我国采用的小震不坏、中震可修、大震不倒的设计方法也属于基于性能的抗震设计方法。抗震及隔震技术应用的根本目的就是为了尽可能多地消耗地震波向整个系统的输入能量，当系统能够具有充分的耗能能力时，就可以提高整体结构的抗震能力，最大限度地降低地震波的破坏程度[87]。评判地震破坏能力的指标主要包括地震波的加速度幅值、地震波频谱分布及地震波持续时间，而通过能量法分析可以使计算结果更加准确地反映地震波对结构的累积损伤破坏效应。Housner 最早在 20 世纪 50 年代提出了能量分析法的概念并应用于简单结构的设计，随着能量分析方法理论研究的日益深入，国内外学者对基于能量法的结构耗能减震的研究也在不断发展[87]。

Giuseppe 通过隔震桥梁的能量响应研究了隔震装置的抗震性能，分析了主要结构参数和力学参数对主梁最大位移和滞回耗能能力的影响，隔震桥梁被简化为一个双自由度力学模型并通过随机性的地震波对系统的动力响应进行了分析，研究结果表明通过改变结构的固有周期并通过隔震装置消耗地震输入能可以对结构起到很好的保护作用[88]。Micle 以单自由度系统为研究对象建立了能量平衡方程，即结构动能、应变能、阻尼耗能及塑性变形能在任意时刻均等于地震总输入能，研究结果表明能量响应方法能够很好地反映非线性结构的抗震性能，采用相对能量法进行计算分析能够方便建立结构响应能量与工程中一些参数的对应关系[89]。Marano 以安装了高阻尼橡胶支座的建筑物为研究对象，采用 Bouc-Wen 模型来模拟隔震装置和建筑结构的非线性单元，建立了等效线性化模型并通过迭代方法进行求解，通过隔震系统的位移响应和能量消耗能力分析对隔震装置的抗震能力进行了研究[90]。Ali 通过基于能量的设计方法对被动耗能结构的抗震加固进行了研究，利用模态 Pushover 法来计算结构的屈服应力和等效为单自由度系统后的延性系数，应用能量谱法得到了每个模态的能量贡献，通过对原始结构能量耗散需求量的评估进行设计改造，并采用非线性时程动力学方法来验证所设计方案的有效性，研究结果表明能量设计方法易于实现，而且该耗能系统能够有效降低地震对结构的破坏[91]。Amnart 提出了一种基于能量法的抗震设计程序，对非韧性钢筋混凝土框架结构采用屈曲约束支撑进行了加固，以工程实例为研究对象，采用了非线性静力弹塑性分析法和非线性时程分析法对加固后的钢筋混凝土框架性能进行了评估，研究结果表明加固后的结构性能和层架偏移情况有了较大的改善[92]。Kang 提出了一种基于流体黏滞阻尼器的振动控制系统，这个系统中支撑构件上只会产生拉力从而可以忽略杆件屈曲问题，建立了 3 层和 6 层的钢框架结构模型，分别对安装阻尼系统和不安装阻尼系统的结构进行地震响应分析，阻尼系统分别采用斜撑和人字型支撑两种型式，对层间位移和顶层位移的地震响应进行了分析，结果显示阻尼系统拥有很好的能量耗散能力，可以改善结构的动力响应[93]。李宇研究了输入波动力学特性以及恢复力动力学参数对 SDOF 系统能量响应和分配规律的影响，结果显示提高低延性结构的延性能力能够增加其滞回耗能能力，屈服后刚度比对系统能量响应和分配情况影响较小，不能忽略结构延性对地震输入能量的影响[94]。周勇军以一种典型桥梁为研究对象，通过有限元方法建立了不同结构参数时的 64 种有限元模型，通过有限元仿真提取了桥梁纵向振动的基本振型函数，并根据能量法推导出了振型函数的理论计算公式，结果表明基频理论计算值与有限元结果的误差小于 5%，因此目前抗震设计细则中关于自振频率的计算公式不适合高墩钢构桥之类非规则桥梁[95]。王建强建立了 7 层钢筋混凝土框架结构有限元模型，采用摩擦摆支座作为隔震装置，研究了摩擦摆的摩擦因数对整个隔震系统地震输入能及框架结构层架耗能能力的影响，结果显示隔震层耗能能力及耗能比随着摩擦因数的增大而减小，地震输入能随着摩擦因数的增大而增大[96]。欧进萍提出了速度相关型和滞变型耗能装置的等效线性化方法，得到了耗能装置等效阻尼和等效刚度的计算公式，同时采用振型分解法对耗能减震结构进行了地震响应分析，结果表明该种计算方法具有更高的计算精度[97]。韩宁建立了滑移隔震结构的能量平衡方程，研究了滑移隔震结构在单频简谐波和双频简谐波作用下的地震响应，研究结果表明地震输入能和基底摩擦耗能随着摩擦因数的增大而增大，随结构上下刚度比的增大而减小[98]。宋子文对应用了具有自复位能力的耗能减震装置的钢框架结构进行了研究，采用 ANSYS 建立了钢桁架结构的有限元模型，研究了地震作用下减震装置主要参数对结构抗震性能的影响，结果表明该种减震装置的第一刚度、预应力等参数的增大会使结构的位移响应减小，桁架结构底部剪力随着预应力的增大而增大[99]。马千里采用基于能量法的抗震设计对 RC 框架结构进行了抗震性能的研究，提出了选取输入地震波动强度的方法，研究结果表明基于性能的抗震设计与基于动力响应设计法相比，能够更加容易满足对结构性能的要求[100]。刘哲锋对高层混合结构系统的抗震性能进行了研究，通过简化计算方法得到了结构总输入能、结构总耗能及层间耗能分布，将结构的最大变形与耗能能力进行线性组合提出了混合结构的地震损伤模型[101]。钟铁毅基于能量法提出了铅芯橡胶支座隔震桥梁的设计方法，研究了用于隔震设计的地震输入总能量谱，提出了以隔震装置极限耗能能力为破坏准则，隔震率为隔震目标的桥梁减隔震设计方法[102]。杨凤利以安装了铅芯橡胶支座的隔震桥梁为研究对象，建立了隔震桥梁的能量平衡方程，研究了隔震桥梁结构参数和地震动特性对系统总输入能的影响，研究结果表明通过能量法进行隔震设计能够有效降低桥墩顶部位移和底部剪力[103]。禹辉君将拱桥结构简化为了杆系模型并建立了拱桥的有限元模型，研究了地震波的加速度峰值对拱桥地震总输入能、阻尼耗能及滞回耗能的影响规律，结果表明地震总输入能及消耗能量随着地震波加速度幅值的增大而增大，随着桥墩高度的增加而增大，且能量增长曲线近似呈线性变化趋势[104]。

目前国内外学者采用能量法对结构进行抗震设计的研究已经较多，该设计方法也越来越多地应用到了桥梁的隔震设计中来，但目前针对摩擦摆隔震桥梁的能量响应分析和摩擦摆支座参数优化的研究还较少。通过能量法对抗震结构及隔震装置的耗能能力进行分析时，大多都是研究地震波总输入能及摩擦摆支座耗能比，而隔震技术的最根本目的是为了控制结构的响应能量，即整个系统的动能和势能响应，因此本书以控制隔震桥梁的响应能量为目标，对摩擦摆隔震桥梁的能量响应及隔震装置参数优化进行更加深入的研究。

1.5 研究内容及技术路线

以往研究中摩擦摆支座等效线性化计算公式的滑动位移均取为设计位移值，而实际情况下摩擦摆支座滑动位移受地震动特性等多种因素的影响，因此需要对摩擦摆等效线性化方法进行优化分析，以提高摩擦摆连续梁桥地震响应的计算精度。当前对摩擦摆连续梁桥中摩擦摆支座参数优化的研究还很少，因此需要针对我国铁路桥梁的特点提出一种完善合理的摩擦摆支座参数优化方法。本书的研究内容为：

(1) 以高速铁路连续梁桥为研究对象，研究地震动特性、摩擦摆支座滑道半径和摩擦因数对摩擦摆滑动位移的影响，对滑动位移的计算公式进行优化分析，通过优化分析结果研究不同抗震区域的设计位移值选取原则。建立隔震桥梁有限元模型进行非线性动力学仿真分析，研究滑动位移对摩擦摆连续梁桥地震响应计算精度的影响。

(2) 利用 ABAQUS 有限元软件对摩擦摆支座的结构强度进行分析，研究摩擦摆连续梁桥在不同工况下的地震响应，并采用多目标参数优化方法对摩擦摆支座滑道半径及摩擦因数进行优化分析。

(3) 建立摩擦摆连续梁桥能量平衡方程，对理论方法与有限元仿真得到的摩擦摆连续梁桥能量响应进行对比分析，以控制隔震桥梁的结构响应能量为目的对摩擦摆支座滑道半径及摩擦因数进行优化分析。

(4) 通过试验对摩擦摆支座水平力学性能进行了研究，同时对摩擦摆支座的滞回曲线特征以及滑动位移对摩擦摆支座初始刚度、等效刚度、等效阻尼比及振动周期等力学参数的影响进行分析，并将试验与理论分析结果进行对比分析。

全书的技术路线图如图 1-8 所示。

搜集资料，查阅相关文献
摩擦摆隔震桥梁抗震性能研究
摩擦摆支座滑动位移经验计算公式
摩擦摆连续梁桥理论力学模型公式
基于SAP2000的摩擦摆连续梁桥非线性动力学分析
基于ABAQUS的摩擦摆支座结构强度分析
摩擦摆连续梁桥动力学分析及多目标参数优化
基于能量法的摩擦摆连续梁桥支座参数优化
摩擦摆支水平力学性能试验

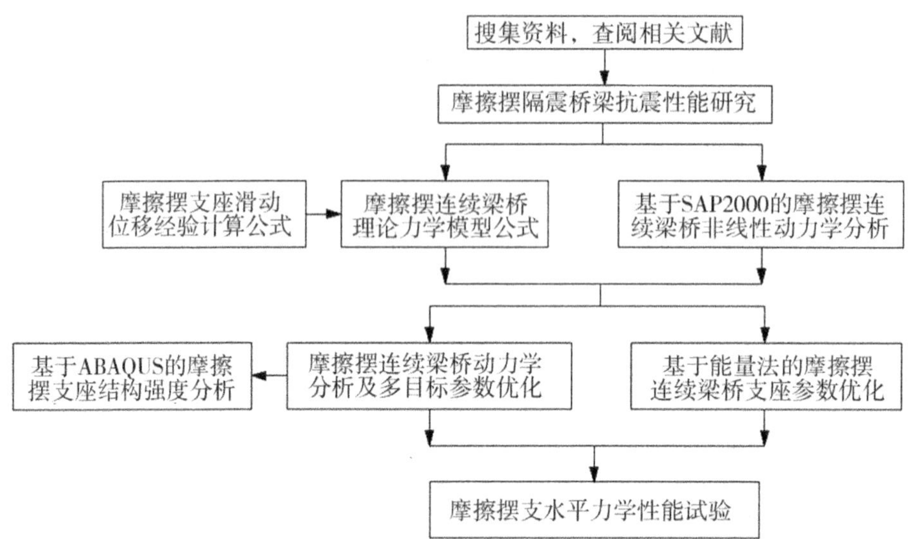

图 1-8　技术路线图

第 2 章

摩擦摆支座等效线性化优化研究

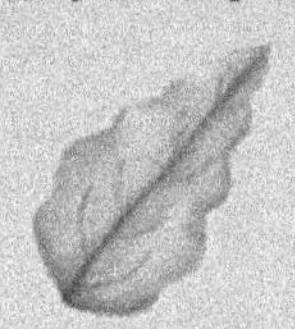

摩擦摆支座是一种应用广泛的隔震装置，通过延长结构自振周期和消耗地震波输入能量，能够有效地降低结构的地震响应[105-107]。摩擦摆支座具有出色的耗能隔震能力、较强的复位能力、较高的稳定性及对地震频率的低敏感性等综合特点，因此近年来被越来越多地应用于桥梁及建筑物的新建或维修加固工程[108-110]。但目前国内桥梁结构隔震装置多采用铅芯橡胶支座，而摩擦摆支座多应用于建筑物隔震结构。国内外关于摩擦摆支座仅制定了简单的行业标准[111]，还没有制定出具有设计参考价值的国家标准，因此仍需要对摩擦摆隔震装置进行更加深入的研究。庄军生、龚健等研究了摩擦摆支座的等效线性化方法并得到了等效刚度及等效阻尼比的计算公式，但在计算公式中没有给出摩擦摆滑动位移的取值方法[45,112]。巫伟在对摩擦摆支座进行等效线性化研究时直接将滑动位移取为了设计位移值[113]。在实际工况下摩擦摆支座的滑动位移是一个动态变

量，受地震波加速度幅值及频谱特性等因素的影响较大，因此需要对摩擦摆支座滑动位移的取值方法进行研究，从而提高摩擦摆隔震桥梁系统地震响应的计算精度。Hwang、钟铁毅等研究表明规则型隔震桥梁可以等效为双自由度力学模型进行动力学分析[57,102]，但研究对象采用的隔震装置均为铅芯橡胶支座，因此需要对摩擦摆隔震桥梁等效为双自由度力学模型时地震响应的计算精度进行研究。

以高速铁路连续梁桥为研究对象，研究地震动特性、摩擦摆支座滑道半径和摩擦因数对摩擦摆滑动位移的影响，对滑动位移的计算公式进行优化分析，通过优化结果研究不同抗震区域摩擦摆支座设计位移的选取方法。建立隔震桥梁有限元模型进行非线性动力学仿真分析，研究优化后滑动位移对摩擦摆连续梁桥地震响应计算精度的影响。

2.1 摩擦摆支座力学模型

2.1.1 摩擦摆支座结构

摩擦摆支座是由 Zayas[14]等在 1985 年提出的一种隔震装置，通过钟摆原理延长结构自振周期从而避开地震波的特征周期，同时利用球面往复滑动过程中的摩擦耗能消耗地震波向上部结构的输入能量，控制结构的地震响应并降低地震波破坏力。地震作用过程中摩擦摆支座通过滑块与上部结构的铰接，使上部结构在地震时始终保持水平状态。地震结束后摩擦摆支座依靠自身重力自动复位，从而提高震后的维修加固效率，使桥梁尽快恢复正常使用功能。摩擦摆支座三维结构图如图 2-1 所示，主要包括上支座板、球型滑块、聚四氟乙烯板、下支座板及限位装置等。

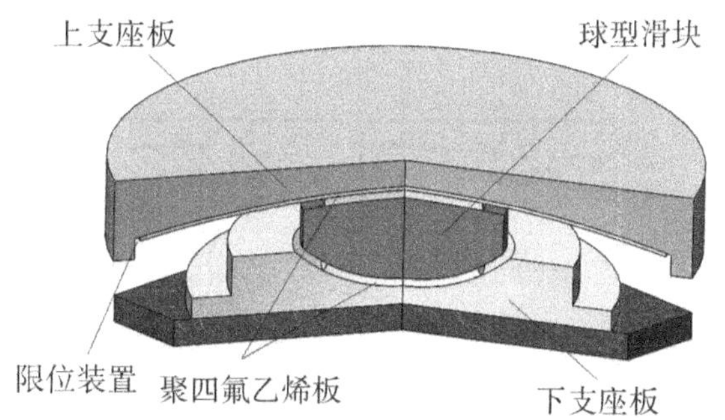

图 2-1　摩擦摆支座三维结构图

摩擦摆支座安装于桥墩与桥面之间，具有很高的竖向承载能力，但不能承受竖向拉力。因此摩擦摆支座竖向轴力应满足[117]：

$$P = \begin{cases} k_y d_y & d_y > 0 \\ 0 & d_y \leq 0 \end{cases} \tag{2-1}$$

式中：P ——摩擦摆支座竖向承载力；

k_y ——摩擦摆支座竖向刚度；

d_y ——摩擦摆支座竖向变形。

摩擦摆支座在水平方向的往复滑动具有明显的非线性特征，其结构示意图如图 2-2 所示。图中：x 轴为支座水平滑动方向；y 轴为竖向承压方向；点 O 为下支座板圆弧面圆心；点 O_1为下支座板圆弧面最低处；点 O_2为球型滑块圆弧面中点处；滑动位移即点 O_1 到点 O_2 的水平距离。

摩擦摆支座水平回复力由摩擦力和自重水平分量组成，由滑块在圆心 O 处力矩平衡可以得到[45]：

$$FR\cos\theta = WD + fR \tag{2-2}$$

式中：F ——水平回复力；

R ——摩擦摆支座滑道半径；

θ ——滑块转角；

W ——竖向承载重量；

D ——滑动位移；

f ——滑块底面摩擦力。

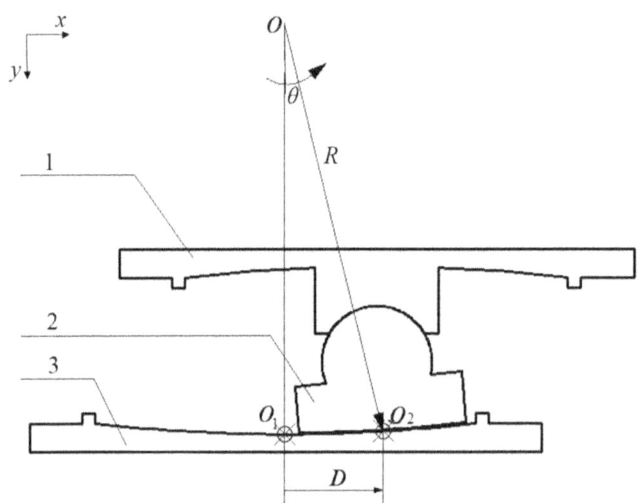

图 2-2　摩擦摆支座结构示意图

1—上支座板；2—滑块；3—下支座板

当 θ 很小时，式（2-2）可以简化为[45]：

$$F = \frac{WD}{R} + \mu W \mathrm{sgn}(\dot{\theta}) \tag{2-3}$$

其中

$$\mathrm{sgn}(\dot{\theta}) = \begin{cases} 1 & \dot{\theta} > 0 \\ 0 & \dot{\theta} = 0 \\ -1 & \dot{\theta} < 0 \end{cases} \tag{2-4}$$

式中：$\mathrm{sgn}(\dot{\theta})$ ——符号函数；

μ ——滑动摩擦因数。

试验研究表明滑动摩擦因数与滑块滑移速度关系满足[117]：

$$\mu = \mu_1 - (\mu_1 - \mu_2)e^{-rv_0} \tag{2-5}$$

式中：μ_1——动摩擦因数；

μ_2——静摩擦因数；

r——速度比率参数；

v_0——滑块水平滑移速度。

摩擦摆支座双线性滞回模型如图 2-3 所示。

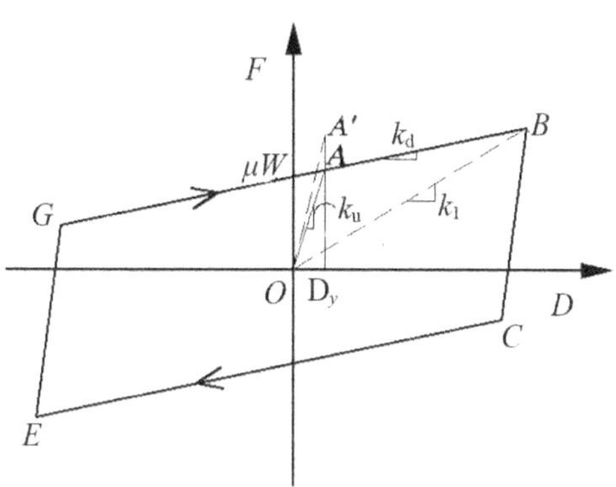

图 2-3　摩擦摆支座双线性滞回模型

由图 2-3 可知，随着地震波作用产生的摩擦力增加，摩擦摆支座首先在静摩擦阶段产生了弹性变形，当克服了静摩擦力后摩擦摆支座开始水平往复滑动。图中，点 A 为摩擦摆支座的屈服点，k_u 为屈服刚度，D_y 为屈服位移，k_d 为摆动刚度，k_1 为等效刚度。摩擦摆支座的屈服刚度能够使结构在强风或地震烈度很小时，仍然能够保持正常使用功能。

2.1.2 摩擦摆支座等效线性化研究

2.1.2.1 等效刚度

由式（2-3）和图 2-3 可以得到摩擦摆支座的等效刚度[112]：

$$k_1 = \frac{\mu W + k_d D}{D} = \frac{\mu W}{D} + \frac{W}{R} \tag{2-6}$$

由式（2-6）可知，等效刚度与摩擦摆支座摩擦因数及滑道半径、竖向承载重量及滑动位移相关。中华人民共和国交通运输部在 2013 年发布了

《公路桥梁摩擦摆式减隔震支座》（JT/T852-2013）的行业标准[111]，该标准主要包括了摩擦摆支座试验方法、技术要求、型号及规格、基本术语的定义等，但在该标准中并没有给出式（2-6）中滑动位移 D 的取值方法，这主要是由于滑动位移值需要通过动力学分析得到精确解，而摩擦摆支座等效线性化模型中又需要以滑动位移作为输入参数，两者之间存在矛盾；该标准规定摩擦摆支座的设计位移根据使用要求可以分为四级：±100mm、±200mm、±300mm、±400mm，但并没有给出选择摩擦摆支座设计位移的方法及理论依据。

庄军生等也对摩擦摆支座等效线性化的方法进行了研究，并对不同低摩擦材料的耐磨性能进行了研究，但同样没有给出滑动位移 D 的取值方法[112]。龚健、巫伟等在对摩擦摆支座进行等效线性化研究时，滑动位移直接取为摩擦摆支座的设计位移值，巫伟得出的摩擦摆支座设计位移值简化计算公式如式（2-7）所示[45,113]。目前对于摩擦摆支座等效线性化问题的研究还存在很多不足，因此需要通过理论分析对摩擦摆支座滑动位移值的选取进行优化，第 5 章也将通过试验方法再次研究滑动位移对摩擦摆支座力学性能的影响。

$$D = D_d = 0.2R \tag{2-7}$$

式中：D_d ——摩擦摆支座设计位移。

2.1.2.2 等效阻尼比

为了便于求出摩擦摆支座双线性滞回模型的等效阻尼比，将摩擦摆支座等效为黏性阻尼器单元，两者均是通过往复运动消耗能量，假定摩擦摆支座和黏性阻尼器单元在一个循环周期内消耗的能量相等，得到的黏性阻尼器阻尼比即为摩擦摆支座的等效阻尼比。黏性阻尼器力学模型如图 2-4 所示。

定义黏性阻尼器单元中滑块的往复运动为正弦函数：

$$x(t) = D'\sin\omega' t \tag{2-8}$$

式中：$x(t)$ ——滑块往复运动函数；

D' ——滑块位移幅值；

ω' ——滑块振动频率；

t ——时间。

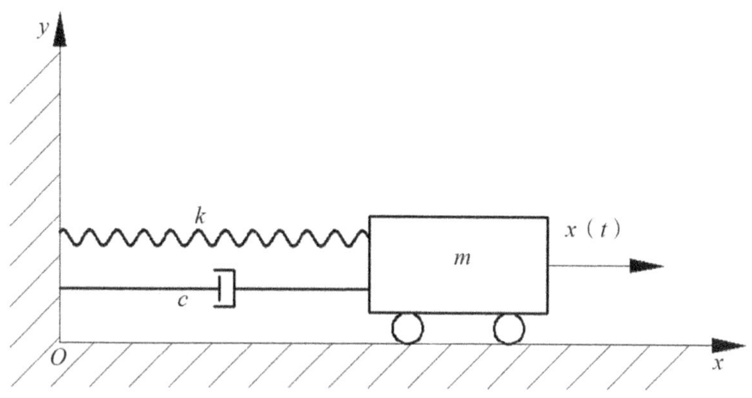

图 2-4　黏性阻尼器单元

黏性阻尼器单元在单位时间内消耗的能量为：

$$dE = c\dot{x}dx = c\dot{x}^2 dt \tag{2-9}$$

式中：E ——黏性阻尼器消耗的能量；

c ——黏性阻尼器阻尼系数。

由式（2-9）可以得到黏性阻尼器单元在一个周期内消耗的能量为：

$$\begin{aligned} E &= \int_0^{\frac{2\pi}{\omega'}} c\dot{x}^2 dt = \int_0^{\frac{2\pi}{\omega'}} c\,(D'\omega'\cos\omega' t)^2 dt \\ &= \int_0^{\frac{2\pi}{\omega'}} cD'^2\omega'^2 \cos^2\omega' t dt \\ &= \int_0^{\frac{2\pi}{\omega'}} cD'^2\omega'^2\left(\frac{1+\cos2\omega' t}{2}\right)dt \\ &= cD'^2\omega'^2\left(\frac{t}{2}+\frac{\sin2\omega' t}{4\omega'}\right)\Big|_0^{2\pi/\omega'} \\ &= \pi c\omega' D'^2 \end{aligned} \tag{2-10}$$

根据经典振动理论可以得到：

$$c = 2\varepsilon\sqrt{km} \tag{2-11}$$

式中：ε ——黏性阻尼器阻尼比；

m ——黏性阻尼器滑块质量；

k ——黏性阻尼器刚度。

$$\omega' = \sqrt{\frac{k}{m}} \tag{2-12}$$

将式（2-11）、式（2-12）分别带入式（2-10）可以得到：

$$E = \pi \cdot 2\varepsilon\sqrt{km} \cdot \sqrt{\frac{k}{m}} \cdot D'^2 = 2\pi\varepsilon k D'^2 \tag{2-13}$$

由图 2-3 可以得到摩擦摆支座在一个周期内的摩擦耗能为：

$$E_f = 4\mu WD \tag{2-14}$$

式中：E_f——摩擦摆支座消耗的能量。

在一个周期内摩擦摆支座与黏性阻尼单元消耗的能量相等，由式（2-13）及式（2-14）可以得到：

$$2\pi\varepsilon k D'^2 = 4\mu WD \tag{2-15}$$

取 $k = k_1$, $D' = D$，将式（2-6）带入式（2-15）可以得到摩擦摆支座等效阻尼比为[112]：

$$\varepsilon_1 = \varepsilon = \frac{2\mu}{\pi(\mu + \frac{D}{R})} \tag{2-16}$$

式中：ε_1——摩擦摆支座等效阻尼比。

2.2 摩擦摆隔震桥梁等效线性化模型研究

2.2.1 力学模型

规则型隔震桥梁可以简化为双自由度力学模型进行动力学分析[57,102]，由于桥墩顺桥向刚度远小于横桥向刚度，在地震作用下顺桥向更容易发生桥墩及主梁的损坏，因此建立摩擦摆连续梁桥等效线性化双自由度力学模型如图 2-5 所示。图中主梁和桥墩均等效为集中质量点，摩擦摆支座根据 2.1 节中的研究结果进行等效线性化分析，求得单个摩擦摆支座的等效刚度和等效阻尼系数，并将两个摩擦摆支座的等效刚度和等效阻尼系数进行线性叠加，得到摩擦摆连续梁桥上部结构的等效刚度和等效阻尼系数，同时桥墩的力学性能需满足设计及规范要求，选取桥墩的顺桥向等效线性刚度为 87000kN/m[114]。

由图 2-5 可以得到摩擦摆连续梁桥在地震激励作用下的动力学平衡方程如式（2-17）所示：

$$\begin{bmatrix} m_1 & 0 \\ 0 & m_2 \end{bmatrix}\{\ddot{u}\} + \begin{bmatrix} c_1 & -c_1 \\ -c_1 & c_1 + c_2 \end{bmatrix}\{\dot{u}\} + \begin{bmatrix} k_1 & -k_1 \\ -k_1 & k_1 + k_2 \end{bmatrix}\{u\} = -\begin{bmatrix} m_1 & 0 \\ 0 & m_2 \end{bmatrix}\begin{Bmatrix} 1 \\ 1 \end{Bmatrix}\ddot{u}_g$$

(2-17)

式中：m_1——主梁质量；

m_2——桥墩质量；

k_1——摩擦摆支座等效刚度；

k_2——桥墩顺桥向刚度；

c_1——摩擦摆支座等效阻尼系数；

c_2——桥墩自身阻尼系数；

$\{\ddot{u}\}$ ——摩擦摆隔震桥梁加速度矩阵；

$\{\dot{u}\}$ ——摩擦摆隔震桥梁速度矩阵；

$\{u\}$ ——摩擦摆隔震桥梁位移矩阵；

$\ddot{u}_g$ ——地震波加速度。

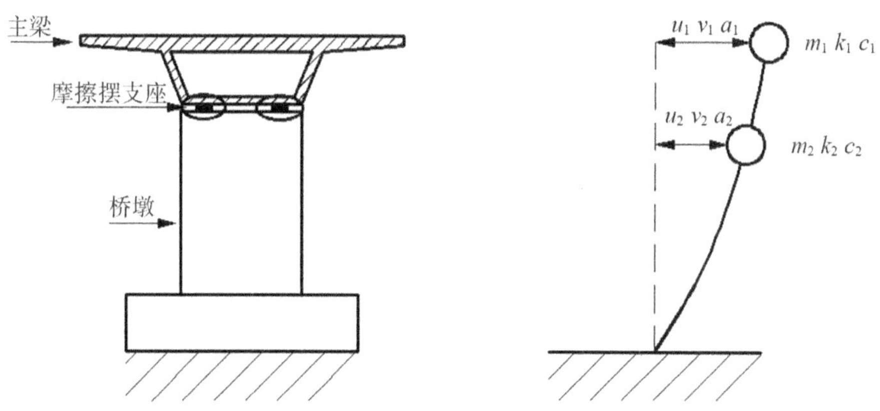

图 2-5　双自由度系统力学模型

定义：

$$v_1 = \dot{u}_1 \text{ , } v_2 = \dot{u}_2 \text{ , } a_1 = \ddot{u}_2 \text{ , } a_2 = \ddot{u}_2 \text{ , } a = \ddot{u}_g \tag{2-18}$$

式中：v_1——主梁等效质点速度；

v_2——桥墩等效质点速度；

a_1——主梁等效质点加速度；

a_2——桥墩等效质点加速度；

a ——地震波加速度。

根据经典振动理论可以定义[63,115]：

$$\omega_1^2 = \frac{k_1}{m_1} \text{ , } \omega_2^2 = \frac{k_2}{m_1 + m_2} \tag{2-19}$$

式中：ω_1——隔震频率；

ω_2——二阶振动频率。

$$c_1 = 2m_1\varepsilon_1\omega_1\ ,\ c_2 = 2(m_2 + m_1)\varepsilon_2\omega_2 \tag{2-20}$$

式中：ε_2——混凝土桥墩等效阻尼比，通常取为0.05。

2.2.2 算例

根据中国高速铁路桥梁设计规范，选用我国常用高速铁路桥梁型式进行地震响应分析[114]。主梁型式为双线整孔箱梁，桥墩为双柱型结构，主梁及桥墩截面示意图分别如图2-6、图2-7所示。桥梁主要结构参数见表2-1，其中$L_{梁}$表示高速铁路桥梁跨度，H表示桥墩高度。

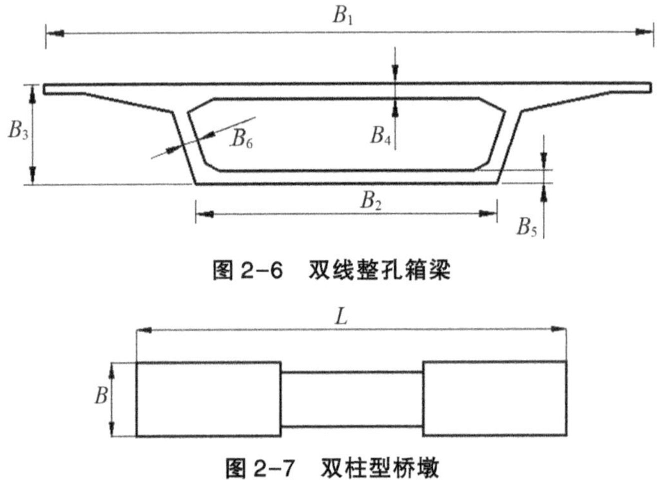

图2-6　双线整孔箱梁

图2-7　双柱型桥墩

表2-1　高速铁路桥梁主要结构参数

参数	B_1	B_2	B_3	B_4	B_5	B_6
值	12.4m	6.12m	2.00m	0.30m	0.25m	0.45m
参数	$L_{梁}$	m_1	B	L	H	m_2
值	24m	510t	1.5m	6.3m	6m	142t

2.2.3 输入地震波选取

地震反应是结构受到地震波的激励而产生的，不同的地震波对结构的地震响应有很大影响。为了研究不同场地类型时摩擦摆隔震桥梁的地震响应，分别选用正弦波以及在不同地震区域实测记录的地震波进行动力学分析，地震波频谱特性满足《铁路工程抗震设计规范》(GB50111-2017) 的要求，不同输入地震波的时程曲线及频谱特性分别如图 2-8、表 2-2 所示，Taft 波、天津波的加速度频谱如图 2-9 所示。

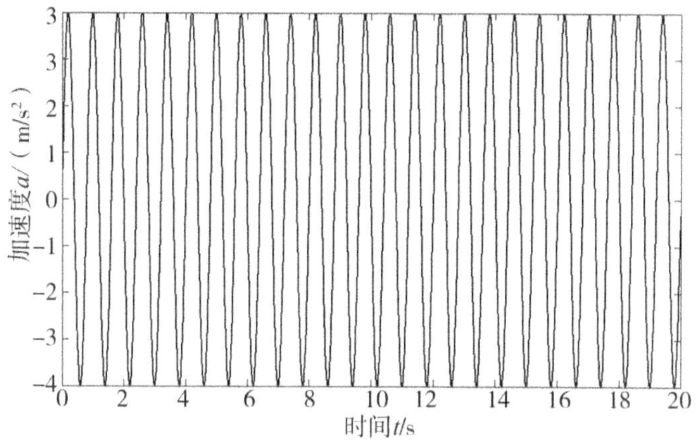

(a) 正弦波

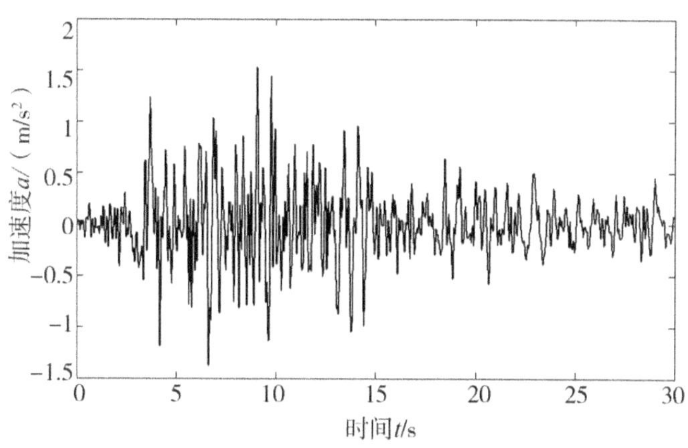

(b) Taft 波

图 2-8　地震波时程曲线

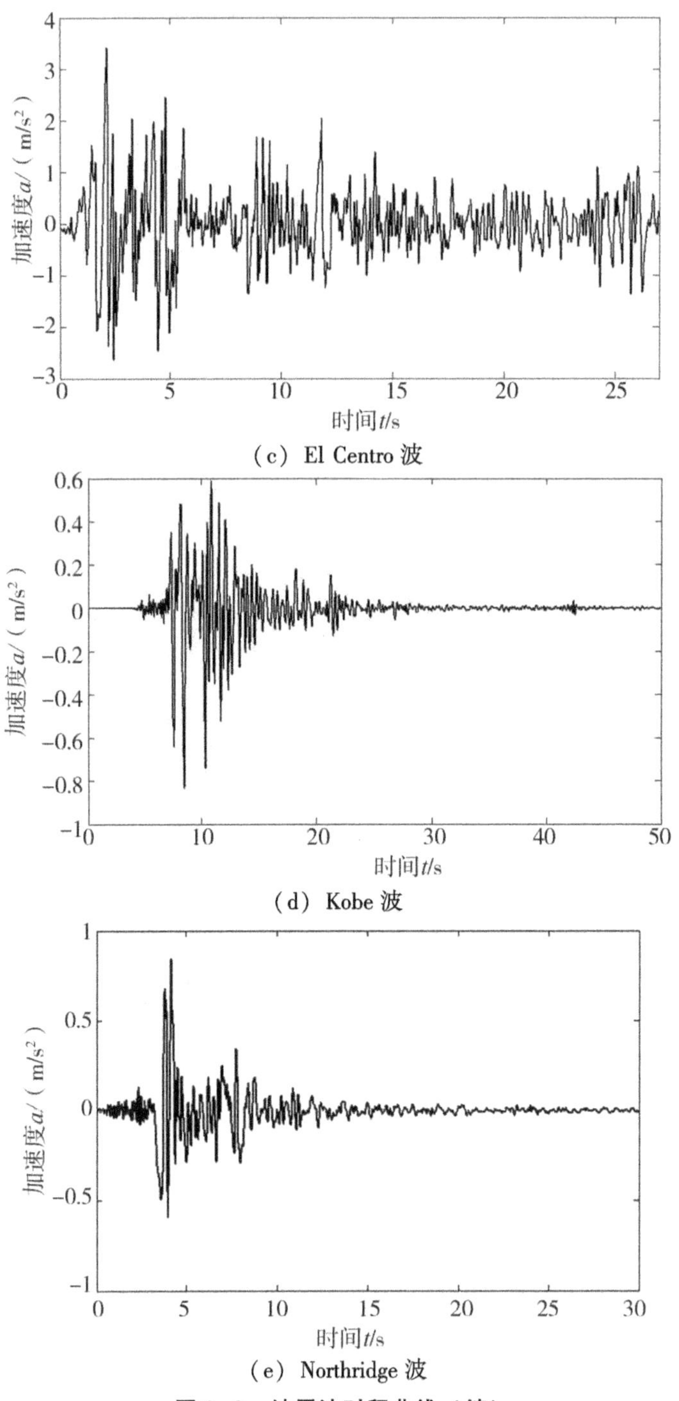

（c）El Centro 波

（d）Kobe 波

（e）Northridge 波

图 2-8　地震波时程曲线（续）

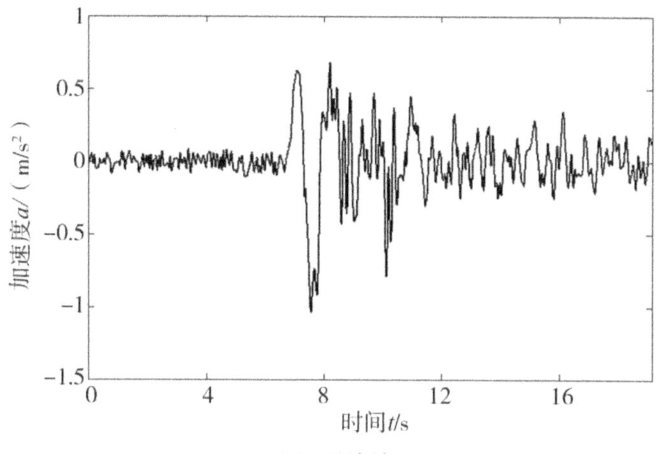

(f) 天津波

图 2-8 地震波时程曲线（续）

表 2-2 地震波频谱特性

地震波类型	持续时间/s	特征周期/s	平均周期/s	加速度幅值/（m/s^2）	适用场地类型
正弦波	20	0.8	0.8	4	——
Taft 波	30	0.36	0.51	1.53	中硬场地
El Centro 波	27	0.56	0.56	3.42	中软场地
Kobe 波	50	0.36	0.64	0.83	中硬场地
Northridge 波	30	0.36	0.74	0.84	中硬场地
天津波	19	1.04	0.94	1.04	软场地

Taft 波、天津波的加速度频谱图通过 SeismoSignal 软件分析计算得到，由加速度频谱图可以得到地震波的特征周期和平均周期。由表 2-2 可知，地震波加速度幅值、特征周期及持续时间等动力学特性有明显差异，可分别应用于不同场地类型的地震动力学分析。地震波的加速度幅值可以根据抗震设防烈度进行调整，7 度、8 度及 9 度抗震设防烈度进行动力学时程分析时的罕遇地震波加速度幅值分别可以调整为 $2.2m/s^2$、$4m/s^2$、$6.2m/s^2$[115,116]。

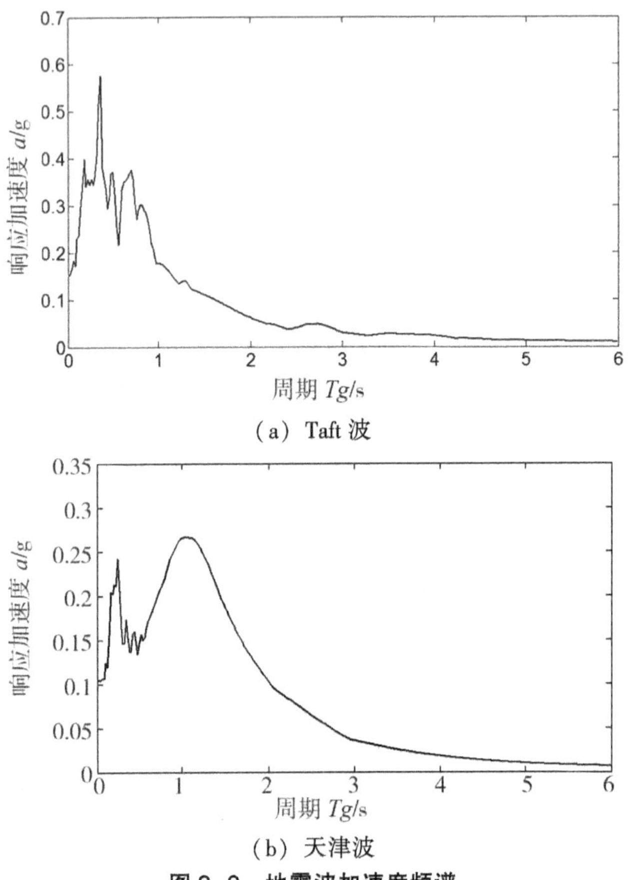

（a） Taft 波

（b） 天津波

图 2-9 地震波加速度频谱

2.3 摩擦摆隔震桥梁有限元分析

2.3.1 有限元模型

采用 SAP2000 建立六跨摩擦摆连续梁桥有限元模型如图 2-10 所示[117]，摩擦摆支座选用连接单元模拟，主梁顶板、腹板及底板选用板壳单元模拟，桥墩选用框架单元模拟，桥梁结构参数与 2.2.2 节中的算例一致，有限元模型局部网格划分如图 2-11 所示。有限元模型的单元类型主要包括连接单元、板壳单元及框架单元，其单元属性及设置如下所示。

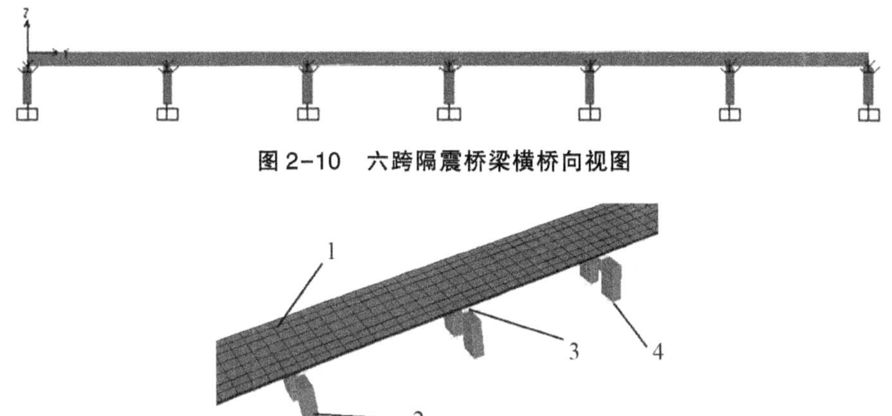

图 2-10　六跨隔震桥梁横桥向视图

图 2-11　隔震桥梁网格划分

1—主梁；2—桥墩；3—FPB；4—固接约束

1. 连接单元

摩擦摆支座选用连接单元中的摩擦摆隔震单元模拟。摩擦摆隔震单元非线性属性如图 2-12 所示，当地震波作用不足以使该单元发生水平滑动时，摩擦摆支座刚度为初始刚度 k_u ；当地震波作用足够大能够使该单元发生水平滑动时，该单元可以模拟摩擦摆支座的往复摆动。在进行非线性动力学分析时，摩擦摆隔震单元中需要设置的参数包括滑道半径、初始刚度、静摩擦因数、动摩擦因数及速度比率参数。在动力学分析中不考虑速度对摩擦因数的影响，静摩擦因数和动摩擦因数设置为相同值。

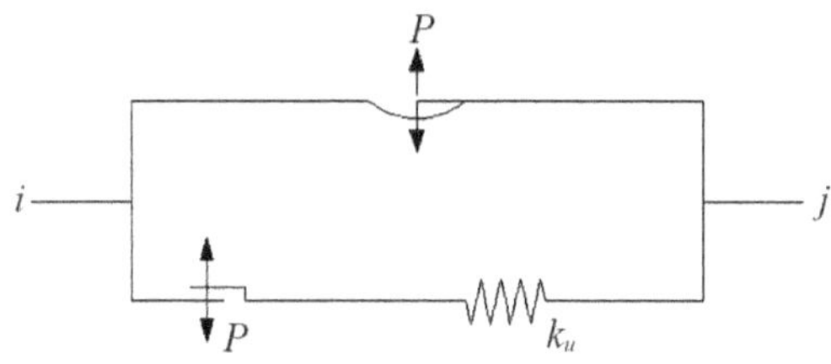

图 2-12　摩擦摆隔震单元非线性属性

2. 板壳单元

工程上对于厚度与宽度比小于 0.1 的壳称为薄壳，厚度与宽度比介于 0.1~0.2 之间的壳称为中厚壳，薄壳中横向剪应力对变形的影响较小，而中厚壳中横向剪应力对变形的影响较大。摩擦摆连续梁桥有限元模型中顶板与底板设置为薄壳单元，腹板设置为中厚壳单元。

3. 框架单元

SAP2000 中的框架单元使用三维梁-柱公式，包括双轴弯曲、扭动、轴向变形及双轴剪切变形等效应，可以用来模拟梁、柱、斜撑和桁架等结构，单元中每个节点具有 3 个平动自由度和 3 个转动自由度。

2.3.2 模态分析

摩擦摆连续桥梁模态分析采用改进 Ritz 向量法（LDR 方法）求解隔震桥梁的振动模态、振动频率及周期。LDR 方法可以用于线性和非线性结构的动力学分析，能够避免对于结构动力学计算精度没有帮助的振型的计算，将有限的计算时间全部用于对于结果精度有提高作用的振型计算中，同时可以消除高阶振型截取所带来的误差，得到规范要求的结构质量参与系数。所有载荷作用下系统在各个方向的目标动力参与系数均设置为 0.99，得到了隔震桥梁与非隔震桥梁前 7 阶模态的自振频率和周期，见表 2-3。

表 2-3　隔震桥梁与非隔震桥梁不同阶数的频率及周期

阶数	隔震桥梁		非隔震桥梁	
	频率/Hz	周期/s	频率/Hz	周期/s
1	0.325	3.074	1.480	0.675
2	0.328	3.052	1.649	0.606
3	0.735	1.361	1.758	0.569
4	1.667	0.600	2.061	0.485
5	2.610	0.382	2.608	0.383
6	2.732	0.366	2.647	0.378
7	3.038	0.329	2.726	0.367

由表 2-3 可知，摩擦摆连续梁桥前 4 阶周期明显大于非隔震桥梁，表明了摩擦摆支座能够延长桥梁结构的主要振型周期；前 2 阶周期远大于常见地震波的特征周期，能够使隔震桥梁避开地震波的卓越频率，有效降低桥梁结构在地震波作用下的动力响应幅值，从而提高桥梁结构的抗震性能；隔震桥梁与非隔震桥梁 5 阶以后的振动周期比较接近。摩擦摆连续梁桥前 4 阶模态振型如图 2-13 所示。由图 2-13 可知，隔震桥梁第 1 阶振型为主梁横桥向振动，第 2 阶振型为主梁顺桥向振动，第 3 阶振型及第 4 阶振型为主梁水平弯曲振动，前 4 阶振型表明摩擦摆支座主要是延长了主梁结构的振动周期。

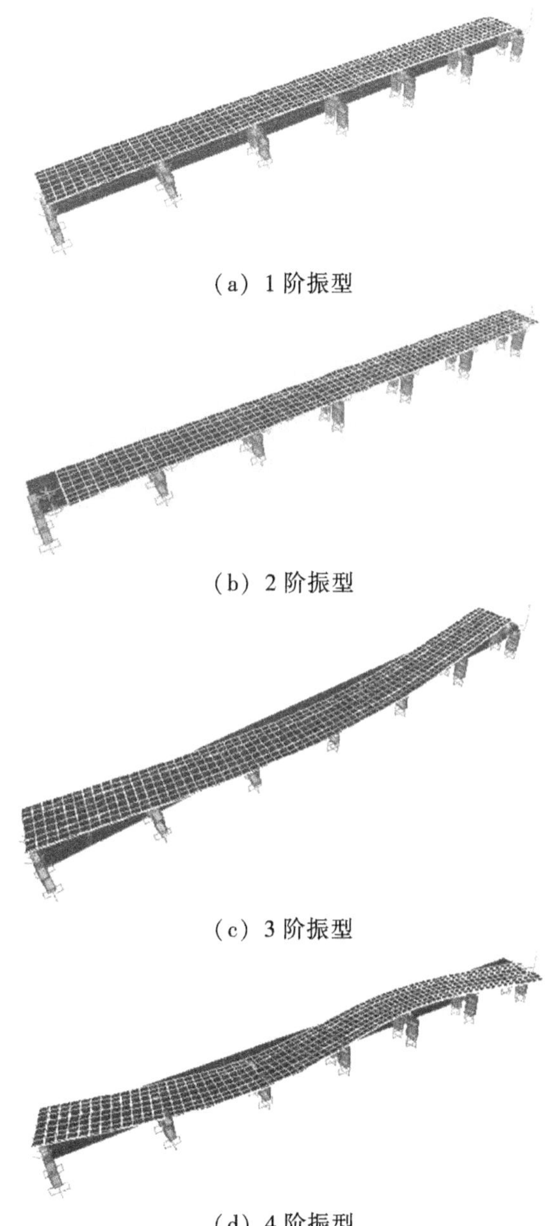

(a) 1 阶振型

(b) 2 阶振型

(c) 3 阶振型

(d) 4 阶振型

图 2-13　摩擦摆连续梁桥前 4 阶模态振型

2.3.3 非线性动力学时程分析

选用 Taft 波、天津波作为地震激励，摩擦摆支座滑道半径及摩擦因数分别为 2m、0.05，抗震设防烈度为 8 度，通过有限元动力学仿真得到摩擦摆连续梁桥主梁位移、主梁加速度、桥墩底部剪力时程响应曲线以及摩擦摆支座滞回曲线分别如图 2-14、图 2-15 所示。由图 2-14 和图 2-15 可知，输入地震波对摩擦摆连续梁桥的动力学响应有较大影响；主梁位移及桥墩底部剪力时程响应曲线振动频率表明了摩擦摆支座可以有效地延长主梁结构的振动周期；在进行摩擦摆支座的等效线性化理论分析时，可以将摩擦摆支座力学模型等效为双线性滞回曲线；摩擦摆支座在多个循环周期内滞回曲线饱满，具有良好的隔震耗能能力。

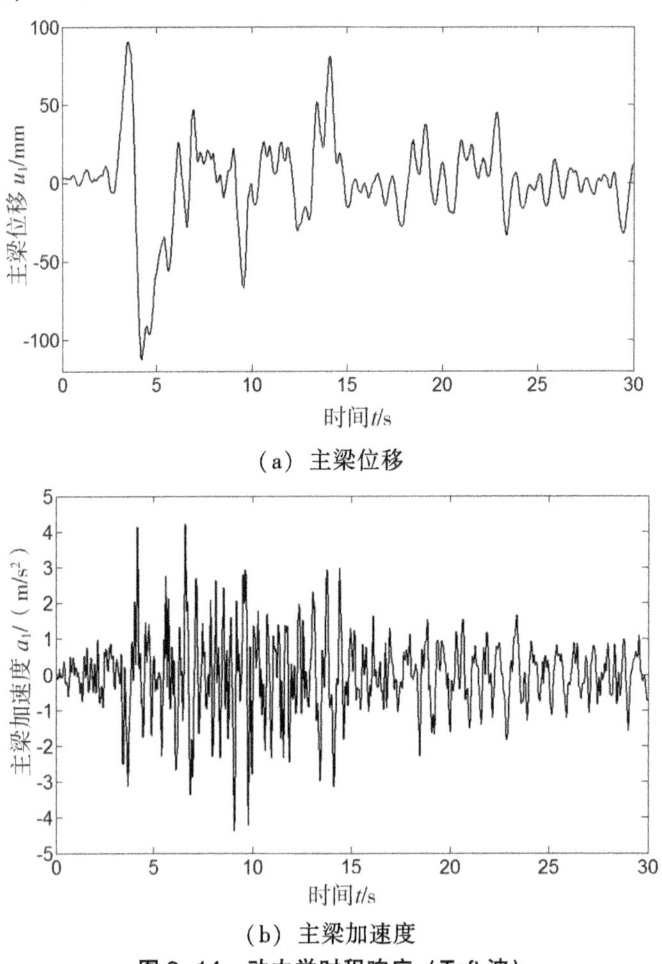

（a）主梁位移

（b）主梁加速度

图 2-14　动力学时程响应（Taft 波）

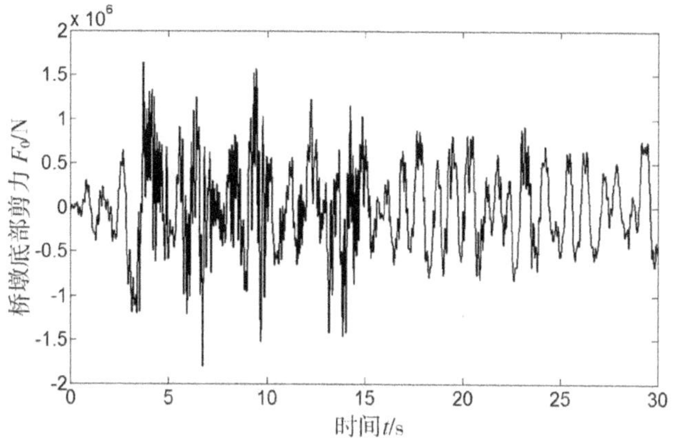

（c）桥墩底部剪力

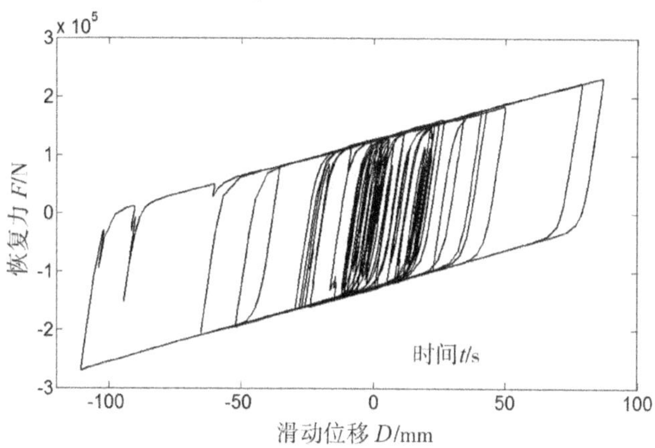

（d）滞回曲线

图 2-14　动力学时程响应（Taft 波）（续）

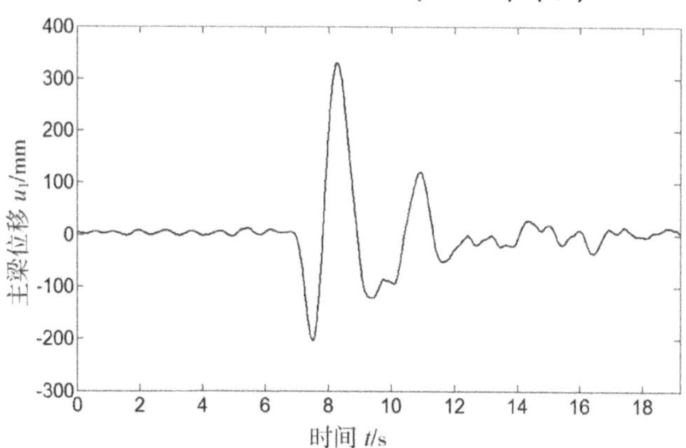

（a）主梁位移

图 2-15　动力学时程响应（天津波）

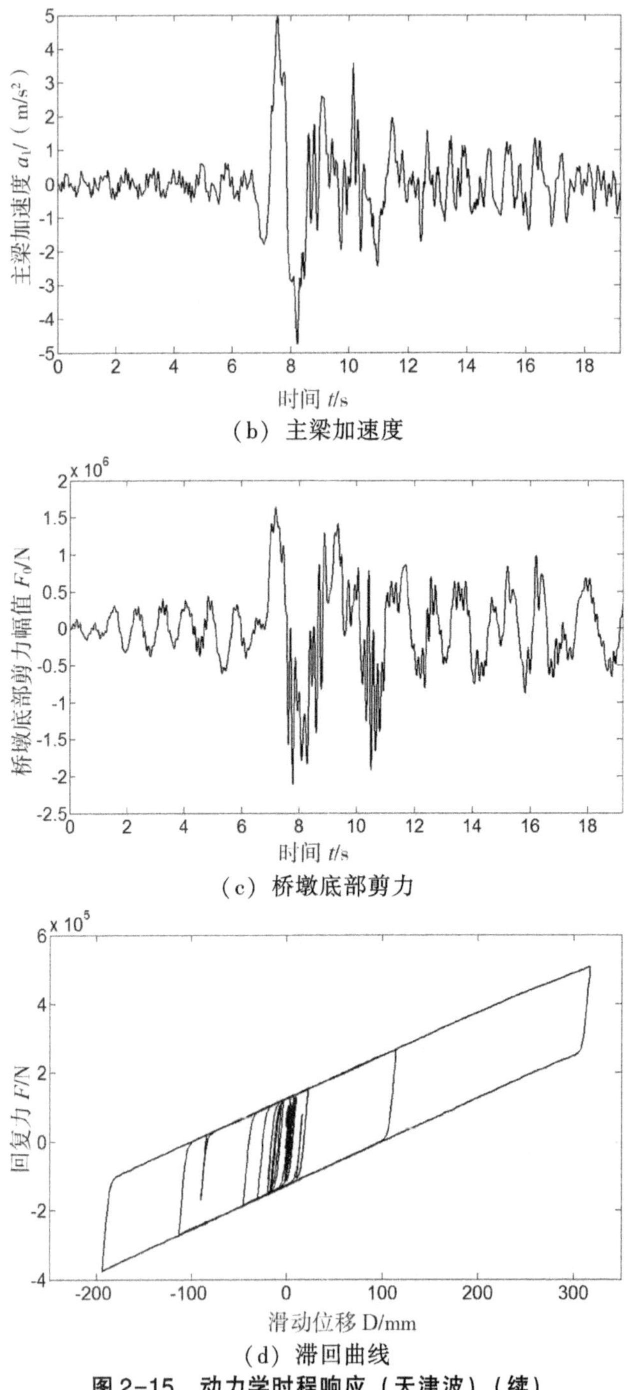

（b）主梁加速度

（c）桥墩底部剪力

（d）滞回曲线

图 2-15　动力学时程响应（天津波）（续）

2.3.4 主梁跨数对地震响应幅值的影响

为了研究桥梁跨数对摩擦摆连续梁桥地震响应的影响，选用 Taft 波、天津波、周期为 0.6s 的正弦波作为地震激励，抗震设防烈度为 8 度，摩擦摆滑道半径及摩擦因数分别为 2m、0.03。分别对 2 跨、4 跨、6 跨、8 跨、10 跨、12 跨摩擦摆连续梁桥进行动力学仿真分析，研究得到不同跨数摩擦摆连续梁桥的地震响应幅值分别见表 2-4 至表 2-6。

表 2-4　输入波为 Taft 波时摩擦摆连续梁桥地震响应幅值

跨数	2	4	6	8	10	12	误差
主梁位移/mm	125.8	123.2	123.1	123.2	123.0	123.2	2.2%
主梁加速度/（m/s^2）	4.46	4.47	4.47	4.42	4.44	4.43	0.9%
墩顶位移/mm	7.15	7.33	7.36	7.35	7.34	7.36	2.9%
墩底剪力/N	1.49e6	2.98e6	4.47e6	6.00e6	7.57e6	8.96e6	1.6%

表 2-5　输入波为天津波时摩擦摆连续梁桥地震响应幅值

跨数	2	4	6	8	10	12	误差
主梁位移/mm	332.5	331.0	331.0	330.9	330.9	330.9	0.5%
主梁加速度/（m/s^2）	5.10	5.14	5.28	5.16	5.08	5.08	3.8%
墩顶位移/mm	12.92	13.09	13.15	13.17	13.17	13.21	2.2%
墩底剪力/N	1.73e6	3.47e6	5.20e6	6.99e6	8.80e6	1.04e7	1.7%

表 2-6　输入波为正弦波时摩擦摆连续梁桥地震响应幅值

跨数	2	4	6	8	10	12	误差
主梁位移/mm	173.2	170.1	169.9	170.0	170.0	170.2	1.9%
主梁加速度/（m/s^2）	5.12	5.13	5.08	5.15	5.11	5.12	1.4%
墩顶位移/mm	8.42	8.48	8.50	8.48	8.46	8.49	0.9%
墩底剪力/N	2.07e6	4.13e6	6.21e6	8.35e6	1.06e7	1.26e7	2.6%

由表 2-4、表 2-5、表 2-6 可知，主梁跨数对摩擦摆连续梁桥的地震响应幅值影响很小。不同主梁跨数时主梁位移幅值的最大误差为 2.2%，主梁加速度幅值的最大误差为 3.8%，桥墩顶部位移幅值的最大误差为 2.9%，桥墩底部剪力幅值的最大误差为 2.6%。Taft 波作为地震激励时，2 跨和 12 跨摩擦摆连续梁桥的时程响应曲线如图 2-16 所示。由图 2-16 可知，2 跨

和 12 跨摩擦摆连续梁桥的动力响应时程曲线基本能够完全重合。

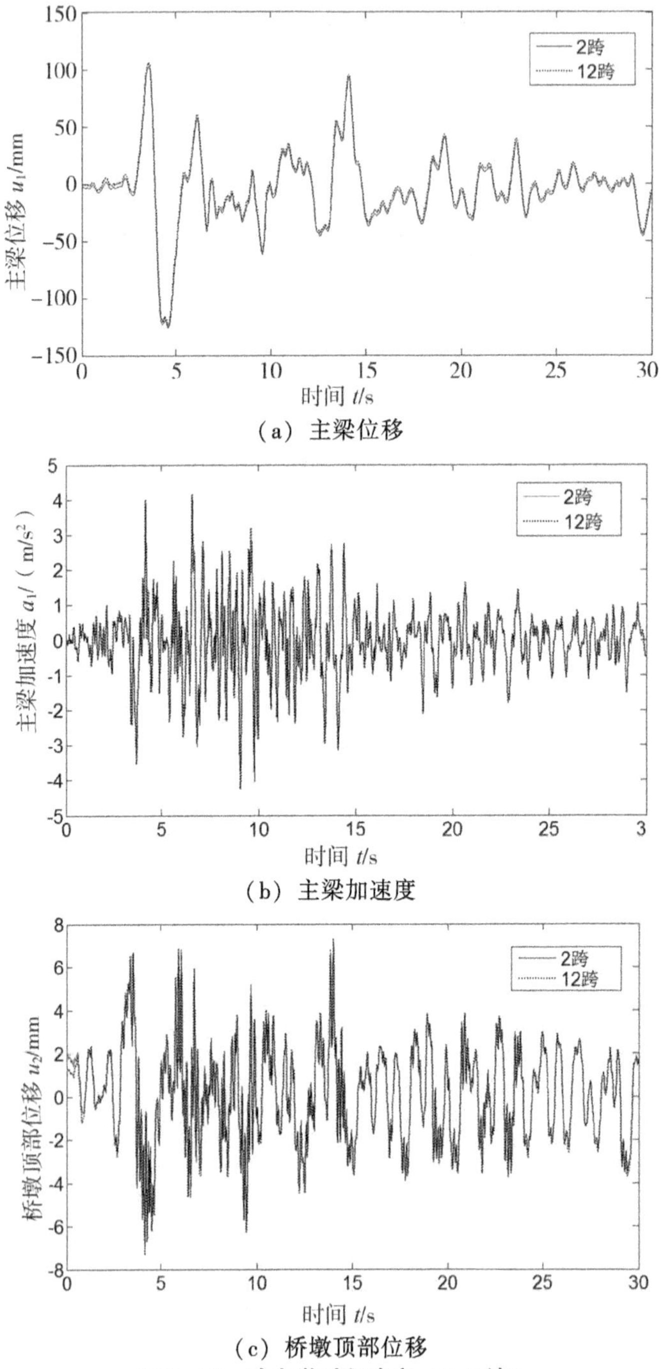

（a） 主梁位移

（b） 主梁加速度

（c） 桥墩顶部位移

图 2-16　动力学时程响应（Taft 波）

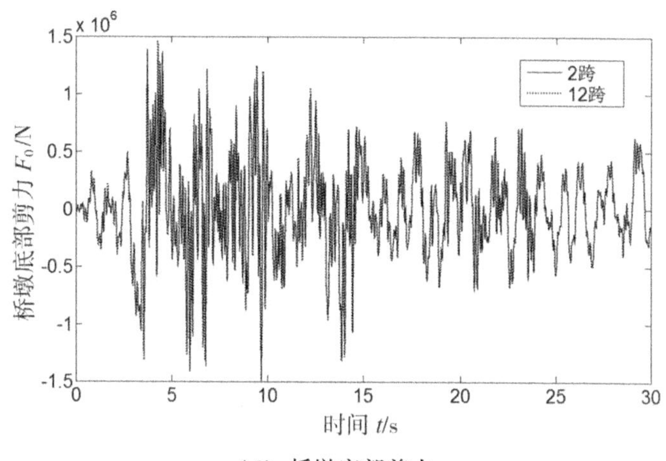

(d) 桥墩底部剪力

图 2-16　动力学时程响应（Taft 波）（续）

2. 3. 5 地震波周期对滑动位移的影响

选用周期为 0. 3s、0. 4s、0. 5s、0. 6s、0. 7s、0. 8s、0. 9s、1s 的正弦波作为地震激励，抗震设防烈度为 8 度，摩擦摆滑道半径为 2m，摩擦因数分别为 0. 03、0. 04、0. 05、0. 06、0. 07、0. 08、0. 09、0. 1、0. 11、0. 12，采用有限元仿真计算不同工况时摩擦摆支座滑动位移幅值，研究地震波周期和摩擦摆支座的摩擦因数对滑动位移幅值的影响。不同地震波周期及摩擦因数时得到的滑动位移幅值分别如图 2-17、图 2-18 所示。

由图 2-17 可知，摩擦摆支座滑动位移幅值随着摩擦因数的增大而减小且近似呈线性关系，当摩擦因数由 0. 03 增大到 0. 12 时滑动位移幅值降低了 25%；由图 2-18 可知在摩擦因数保持不变时，摩擦摆滑动位移幅值随着输入波周期的增加而显著增大，当地震输入波周期由 0. 3s 增大到 1s 时，摩擦摆滑动位移幅值增大了 350%。

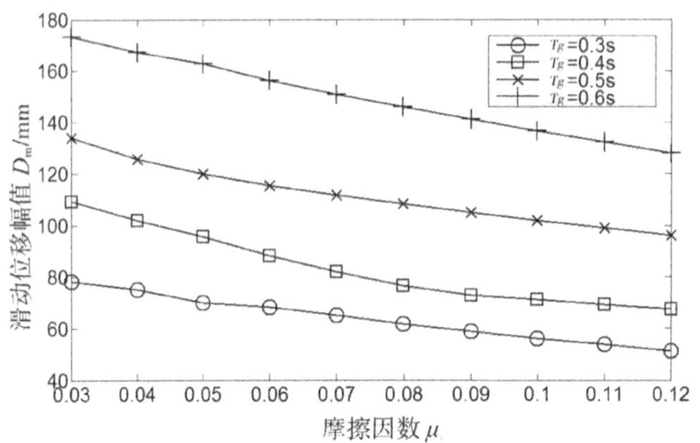

(a) 地震波周期 0.3s~0.7s

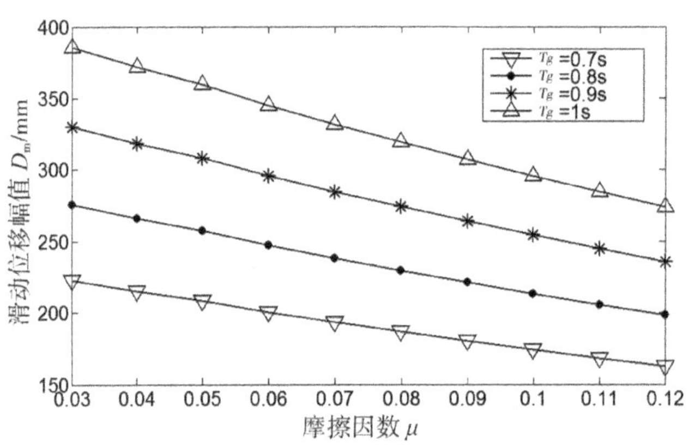

(b) 地震波周期 0.7s~1s

图 2-17 地震波周期及摩擦因数对滑动位移幅值的影响

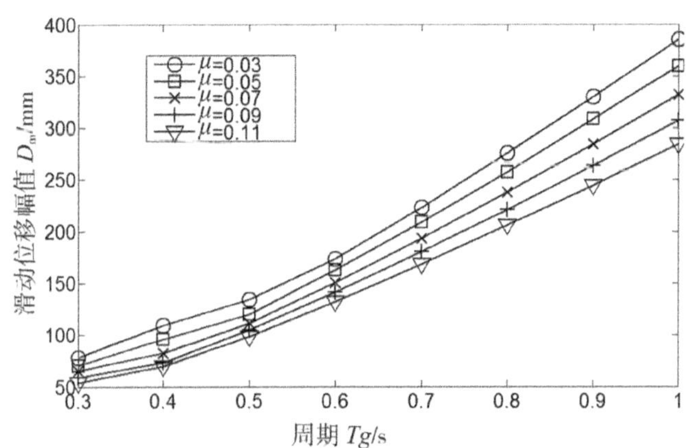

图 2-18 地震波周期对滑动位移幅值的影响

2.3.6 地震波加速度幅值对滑动位移的影响

选用不同周期的正弦波作为地震激励，摩擦摆滑道半径及摩擦因数分别为 2m、0.05，抗震设防烈度为 8 度，正弦波周期分别为 0.3s、0.5s、0.7s、0.9s，分别计算加速度幅值为 $2m/s^2$、$2.5m/s^2$、$3m/s^2$、$3.5m/s^2$、$4m/s^2$、$4.5m/s^2$、$5m/s^2$、$5.5m/s^2$、$6m/s^2$时摩擦摆支座的滑动位移幅值，研究输入波加速度幅值对摩擦摆滑动位移幅值的影响，计算结果如图 2-19 所示。

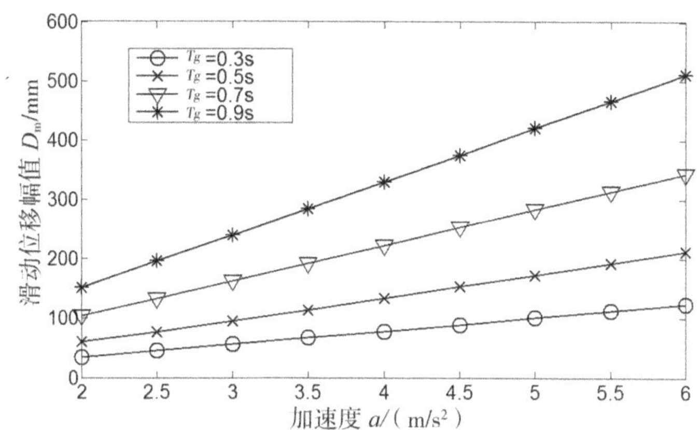

图 2-19　输入波加速度幅值对滑动位移幅值的影响

由图 2-19 可知，摩擦摆滑动位移幅值随着输入波加速度幅值的增加而增大且变化趋势呈线性关系。当输入波加速度幅值由 $2m/s^2$增加到 $6m/s^2$时，周期为 0.9s 的正弦输入波得到的位移幅值由 160mm 增加到了 510mm，周期为 0.3s 的正弦输入波得到的位移幅值由 34mm 增加到了 110mm。因此滑动位移幅值与输入波加速度幅值可近似视为呈正比例关系。

2.3.7 滑道半径对滑动位移的影响

选用周期为 0.3s、0.5s、0.7s、0.9s 的正弦波作为地震激励，抗震设防烈度为 8 度，摩擦摆支座摩擦因数为 0.05，分别计算滑道半径为 1m、1.5m、2m、2.5m、3m、3.5m、4m、4.5m、5m 时摩擦摆支座滑动位移幅值，研究滑道半径对摩擦摆滑动位移幅值的影响，计算结果如图 2-20 所示。

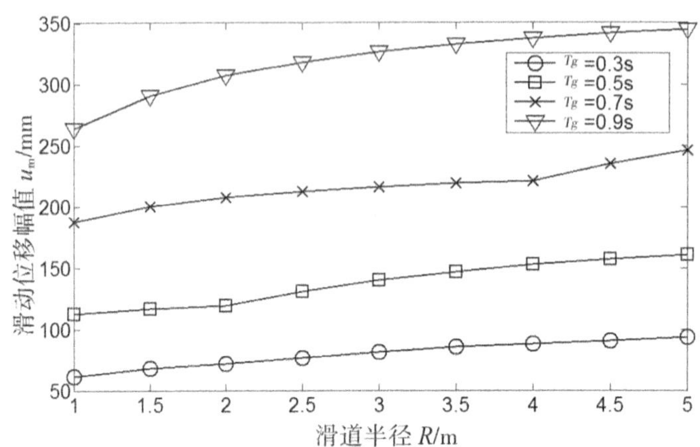

图 2-20　滑道半径对滑动位移幅值的影响

由图 2-20 可知，摩擦摆滑动位移幅值随着滑道半径的增加而增大，但增加值较小。当正弦波周期分别为 0.3s、0.5s、0.7s、0.9s 时，摩擦摆支座滑道半径增加了 5 倍，但摩擦摆滑动位移幅值分别增加了 53.0%、42.9%、31.5%、30.8%。

2.4　滑动位移最小二乘法拟合研究

地震激励周期及加速度幅值、摩擦摆支座摩擦因数及滑道半径等对滑动位移幅值有很大影响，而以往对摩擦摆支座进行等效线性化分析时直接将滑动位移取为设计位移值，这必然会造成动力学分析结果产生较大误差。选用加速度幅值为 $4m/s^2$ 的正弦波作为地震激励，摩擦摆支座滑道半径及摩擦因数分别为 2m、0.05，计算得到滑动位移幅值与正弦波周期关系见表 2-7。利用最小二乘法对表 2-7 中的离散点进行曲线拟合，得到线性拟合曲线和二次多项式拟合曲线分别如图 2-21、图 2-22 所示。

表 2-7　滑动位移幅值与正弦波周期关系

周期/s	0.3	0.35	0.4	0.45	0.5	0.55	0.6	0.65
幅值/mm	58.87	70.53	82.11	92.71	100.75	112.56	130.23	148.65
周期/s	0.7	0.75	0.8	0.85	0.9	0.95	1	
幅值/mm	167.74	187.29	207.37	227.67	248.27	269.10	290.01	

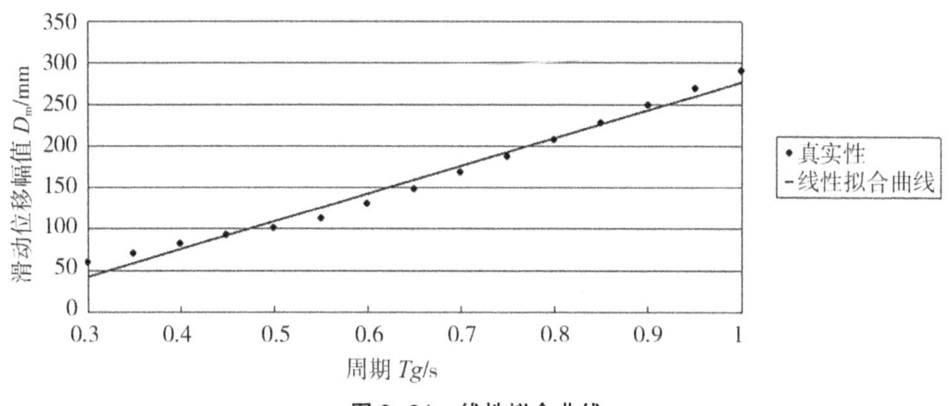

图 2-21　线性拟合曲线

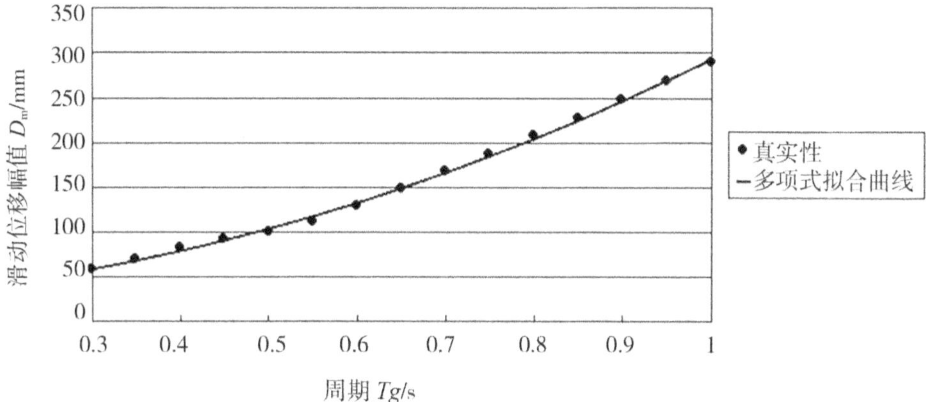

图 2-22　二次多项式拟合曲线

首先，进行线性拟合。设线性方程的表达式为：

$$D = a_0 + a_1 x \tag{2-21}$$

式中：a_0——常数项；

a_1——一次项系数；

x——正弦波周期。

定义线性拟合方程组为：

$$\begin{bmatrix} 15 & \sum_1^{15} x_i \\ \sum_1^{15} x_i & \sum_1^{15} x_i^2 \end{bmatrix} \begin{bmatrix} a_0 \\ a_1 \end{bmatrix} = \begin{bmatrix} \sum_1^{15} y_i \\ \sum_1^{15} x_i y_i \end{bmatrix} \tag{2-22}$$

对应的代数方程组为：

$$\begin{cases}15a_0 + 9.75a_1 = 2393.86 \\ 9.75a_0 + 7.04a_1 = 1790.35\end{cases} \tag{2-23}$$

解方程组得到：

$$a_0 = -58.01, a_1 = 334.77 \tag{2-24}$$

$$D = 334.77x - 58.01 \tag{2-25}$$

$$\sigma_1^2 = \frac{\sum_{i=1}^{15}[D(x_i) - D_i]^2}{15} = 91.5 \text{ mm}^2 \tag{2-26}$$

式中：σ_1^2——线性拟合曲线方差。

接下来，进行二次多项式拟合。设二次多项式方程的表达式为：

$$D = a_0 + a_1x + a_2x^2 \tag{2-27}$$

式中：a_2——二次项系数。

定义二次多项式拟合方程组为：

$$\begin{bmatrix} 15 & \sum_1^{15} x_i & \sum_1^{15} x_i^2 \\ \sum_1^{15} x_i & \sum_1^{15} x_i^2 & \sum_1^{15} x_i^3 \\ \sum_1^{15} x_i^2 & \sum_1^{15} x_i^3 & \sum_1^{15} x_i^4 \end{bmatrix} \begin{bmatrix} a_0 \\ a_1 \\ a_2 \end{bmatrix} = \begin{bmatrix} \sum_1^{15} y_i \\ \sum_1^{15} x_iy_i \\ \sum_1^{15} x_i^2y_i \end{bmatrix} \tag{2-28}$$

对应的代数方程组为：

$$\begin{cases}15a_0 + 9.75a_1 + 7.04a_2 = 2393.86 \\ 9.75a_0 + 7.04a_1 + 5.48a_2 = 1790.35 \\ 7.04a_0 + 5.48a_1 + 4.51a_2 = 1433.50\end{cases} \tag{2-29}$$

解方程组得到：

$$a_0 = 25.52, a_1 = 45.85, a_2 = 222.25 \tag{2-30}$$

$$D = 222.25x^2 + 45.85x + 22.52 \tag{2-31}$$

$$\sigma_2^2 = \frac{\sum_{i=1}^{15}[D(x_i) - D_i]^2}{15} = 15.6 \text{ mm}^2 \tag{2-32}$$

式中：σ_2^2——二次多项式拟合曲线方差。

由于 $\sigma_2^2 < \sigma_1^2$，因此采用二次多项式进行拟合得到的曲线具有更高的精度。

第 2. 3. 6 节中分析得到摩擦摆滑动位移幅值与输入波加速度幅值近似呈正比例关系，因此得到的拟合曲线需要乘上加速度幅值系数；第 2. 3. 5 节分析得到摩擦因数增加 4 倍时，滑动位移幅值仅降低了 20% ~ 25%，且摩擦因数对等效刚度的影响已在式（2-4）的表达式 μW/D 中得到了体现；第 2. 3. 7 节分析得到滑道半径增加 5 倍时，滑动位移幅值增加了 30. 8% ~ 53. 0%，且滑道半径对等效刚度的影响已在式（2-4）的表达式 W/R 中得到了体现，因此可以忽略摩擦因数及滑道半径对滑动位移幅值优化推荐公式的影响。综上所述，可以得到摩擦摆支座滑动位移推荐计算公式为：

$$D_0 = (111Tg^2 + 23Tg + 11)\frac{a_g}{2} \tag{2-33}$$

式中：D_0——优化后摩擦摆支座滑动位移。

为了综合考虑地震激励特征周期和平均周期对摩擦摆支座滑动位移的影响，对特征周期和平均周期不同的地震激励滑动位移幅值可取两者计算结果的平均值。目前针对不同抗震设防区域隔震装置设计位移值的选取还没有相关的设计规范和研究成果，而合理地选取设计位移值能够在保证隔震装置抗震性能的同时尽可能地控制隔震装置结构尺寸。由式（2-33）可知摩擦摆支座的最大滑动位移主要与地震波的周期及加速度幅值有关，公式（2-33）可以为应用于不同地震区域的摩擦摆支座设计位移的初步选取提供理论依据。我国抗震设防烈度分为小于 6 度、6 度、7 度、8 度、大于等于 9 度五类区域，与其对应的设计基本加速度幅值分别为小于 0. 05g、0. 05g、0. 1（0. 15）g、0. 2（0. 3）g、大于 0. 4g，对应的罕见地震波加速度幅值分别为小于 0. 125g、0. 125g、0. 22（0. 31）g、0. 4（0. 51）g、大于 0. 62g。我国场地类型分为四类区域：一类场地特征周期为 0. 25 ~ 0. 35s，二类场地特征周期为 0. 35 ~ 0. 45s；三类场地特征周期为 0. 45 ~ 0. 65s，四类场地特征周期为 0. 65 ~ 1s。因此根据我国设防烈度和场地类型划分，由式（2-33）得到抗震设防烈度小于 8 度的区域可以选用设计位移为±100mm 的摩擦摆支座，抗震设防烈度为 8 度和 9 度区域的摩擦摆支座设计位移可按表 2-8 进行选择。

表 2-8　不同区域摩擦摆设计位移选用值

场地类型	8 度		大于等于 9 度	
	设计加速度	罕遇加速度	设计加速度	罕遇加速度
一类场地/mm	±100	±100	±100	±100
二类场地/mm	±100	±200	±100	±200
三类场地/mm	±200	±300	±200	±300
四类场地/mm	±300	±400	±300	±400

2.5　主梁位移幅值优化结果分析

以 2.3.2 节中的高速铁路桥梁算例为研究对象，选用不同输入波作为地震激励，分别采用有限元仿真、优化后及优化前理论方法计算不同工况时摩擦摆连续梁桥的主梁位移响应幅值，研究优化后理论方法对摩擦摆连续梁桥主梁位移响应幅值计算精度的影响。

2.5.1 不同输入地震波

选用周期为 0.5s 的正弦波、Taft 波、El Centro 波、天津波作为地震激励，摩擦摆支座滑道半径为 2m，摩擦因数分别为 0.03、0.04、0.05、0.06、0.07、0.08、0.09、0.10、0.11、0.12，抗震设防烈度为 8 度，计算得到摩擦摆连续梁桥主梁位移响应幅值如图 2-23 所示。

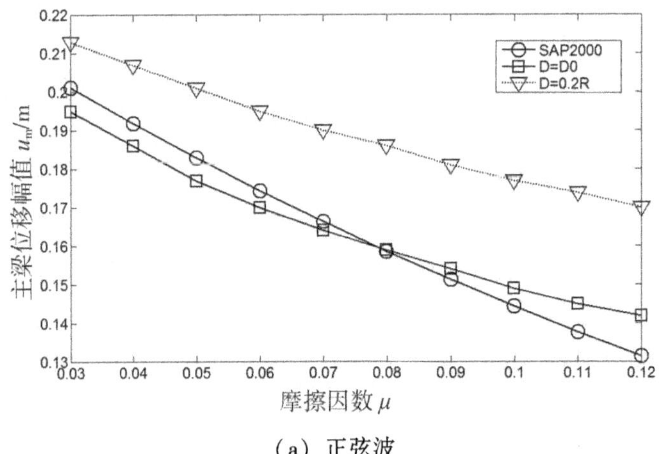

(a) 正弦波

图 2-23　输入地震波对主梁位移幅值的影响

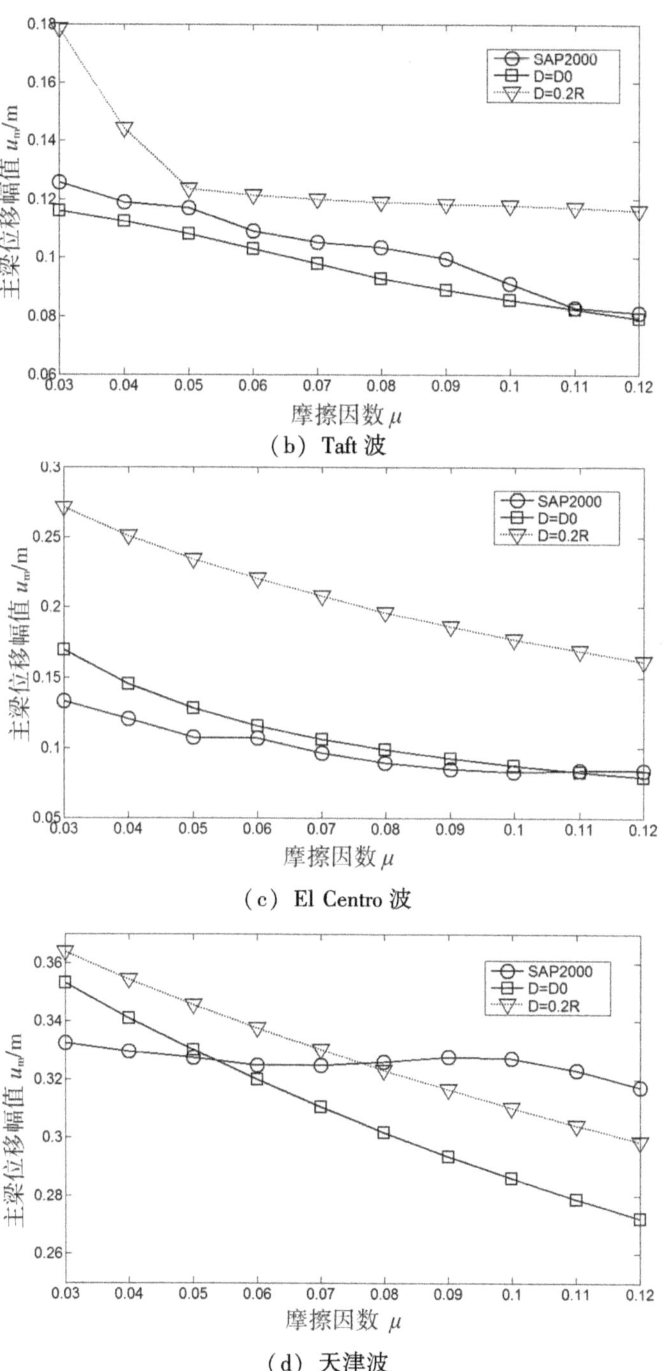

（b） Taft 波

（c） El Centro 波

（d） 天津波

图 2-23　输入地震波对主梁位移幅值的影响（续）

由图 2-23 可知当输入地震波为正弦波、Taft 波、El Centro 波时，三种方法得到的主梁位移幅值随摩擦系数的变化趋势基本一致，采用优化后理论方法计算得到的主梁位移幅值更接近于有限元仿真得到的结果。当输入地震波为天津波时，优化后和优化前理论方法得到的主梁位移幅值与有限元仿真结果相比误差均较大，因此滑动位移经验公式不适用于周期较大的软场地中主梁位移幅值的计算。

2.5.2 摩擦摆支座滑道半径

以 Taft 波、Northridge 波作为地震激励，摩擦摆滑道半径分别为 2m、3m，摩擦因数分别为 0.03、0.04、0.05、0.06、0.07、0.08、0.09、0.10、0.11、0.12，抗震设防烈度为 8 度，计算得到不同工况时摩擦摆连续梁桥主梁位移响应幅值如图 2-24 所示。

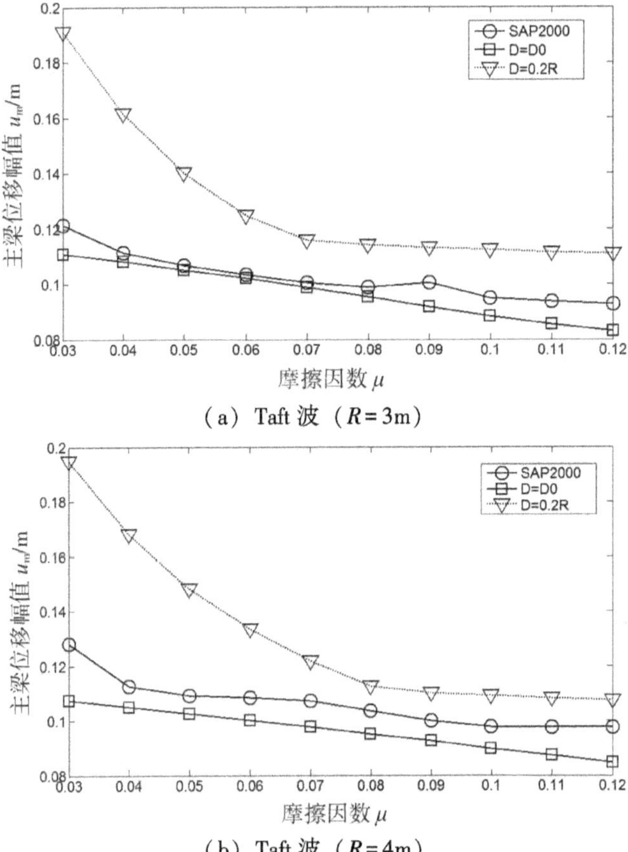

(a) Taft 波 (R=3m)

(b) Taft 波 (R=4m)

图 2-24　滑道半径对主梁位移幅值的影响

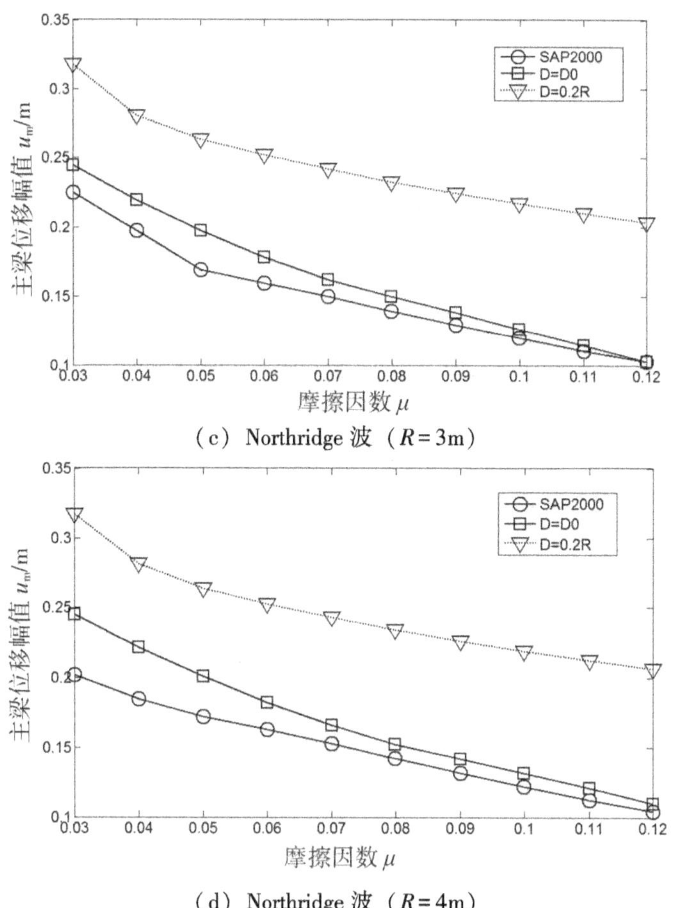

（c） Northridge 波 （$R=3$m）

（d） Northridge 波 （$R=4$m）

图 2-24　滑道半径对主梁位移幅值的影响（续）

由图 2-24 可知摩擦摆支座选择不同滑道半径时，采用优化后理论方法计算得到的主梁位移幅值更接近于有限元仿真结果。

2.5.3 地震波加速度幅值

以 Taft 波、Northridge 波作为地震激励，摩擦摆滑道半径均为 2m，摩擦因数分别为 0.03、0.04、0.05、0.06、0.07、0.08、0.09、0.10、0.11、0.12，输入波加速度幅值为 3m/s^2，计算得到不同工况时摩擦摆连续梁桥主梁位移响应幅值如图 2-25 所示。

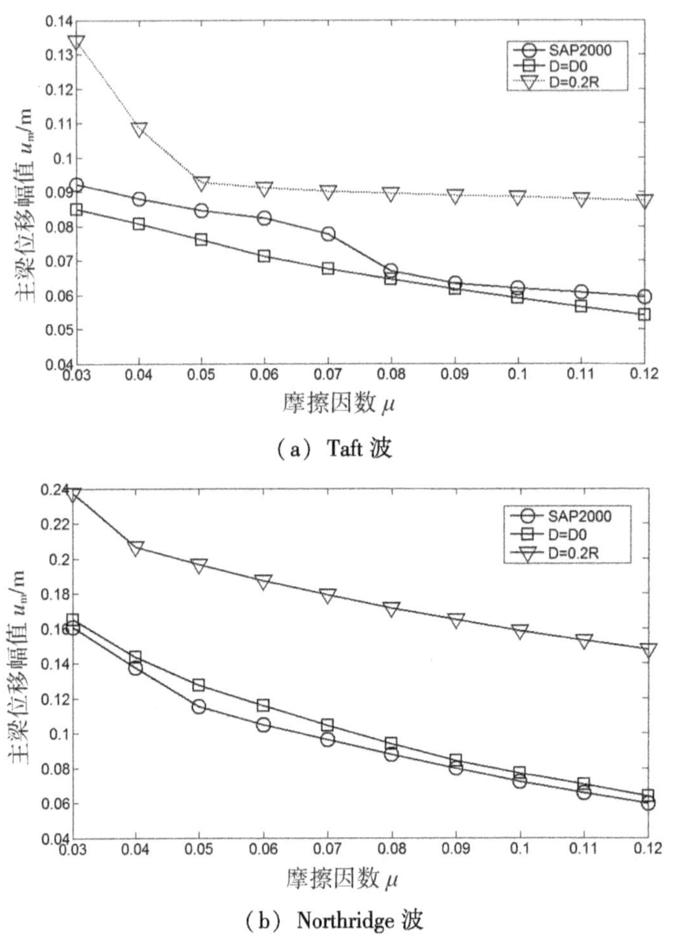

（a） Taft 波

（b） Northridge 波

图 2-25　输入波加速度对主梁位移幅值的影响

由图 2-25 可知在不同抗震设防烈度时，采用优化后理论方法计算得到的主梁位移幅值更接近于有限元仿真结果，能够明显提高理论分析的计算精度。当摩擦摆支座摩擦因数为 0.05 时，优化前和优化后理论方法得到的摩擦摆支座等效刚度及等效阻尼比见表 2-9。

表 2-9 优化前后摩擦摆等效线性化刚度及阻尼比

地震激励	优化前理论方法			优化后理论方法	
输入波	抗震设防烈度	等效刚度/(N/mm)	阻尼比/%	等效刚度/(N/mm)	阻尼比/%
正弦波（周期0.3s）	8度	3188	12.7	8645	44.9
正弦波（周期0.5s）	8度	3188	12.7	5933	36.3
正弦波（周期0.7s）	8度	3188	12.7	4636	28.7
Taft 波	8度	3188	12.7	6538	38.9
El Centro 波	8度	3188	12.7	5447	33.9
Norhtridge 波	8度	3188	12.7	5793	35.7
天津波	8度	3188	12.7	3740	20.3

2.6 主梁加速度幅值优化结果分析

选用 El Centro 波、Kobe 波、Taft 波、天津波作为地震激励，摩擦摆滑道半径为 2m，抗震设防烈度为 8 度，摩擦因数分别为 0.03、0.04、0.05、0.06、0.07、0.08、0.09、0.10、0.11、0.12，计算得到不同工况时摩擦摆连续梁桥主梁加速度幅值见表 2-10。由表 2-10 可知：

（1）地震激励为 El Centro 波时，优化前和优化后理论方法得到的主梁加速度幅值与有限元仿真结果相比最大误差分别为 13.0%、12.5%；地震激励为 Kobe 波时，优化前和优化后理论方法得到的主梁加速度幅值与有限元仿真结果相比最大误差均为 9.9%；地震激励为 Taft 波时，优化前和优化后理论方法得到的主梁加速度幅值与有限元仿真结果相比最大误差分别为 16.3%、7.2%；地震激励为天津波时，优化前和优化后理论方法得到的主梁加速度幅值与有限元仿真结果相比最大误差分别 10.1%、5.8%。

（2）地震激励为 El Centro 波、Kobe 波时，优化后理论方法与有限元仿真得到的主梁加速度幅值均随摩擦系数的变化趋势比较接近，而优化前理论方法与有限元仿真得到的主梁加速度幅值均随摩擦系数的变化趋势不同甚至是相反的；地震激励为 Taft 波时，三种计算方法得到的主梁加速度幅值均随着摩擦系数的增加而增大；地震激励为天津波时，三种计算方法得到的主梁加速度幅值均随着摩擦系数的增加而减小。

（3）地震激励为 El Centro 波时，有限元仿真、优化后和优化前理论方法得到的不同摩擦系数时的主梁加速度幅值分别相差 15.5%、4.4%、6.3%；地震激励为 Kobe 波时，三种方法得到的不同摩擦系数时的主梁加速度幅值分别相差 8.7%、2.3%、2.3%；地震激励为 Taft 波时，三种方法得到的不同摩擦系数时的主梁加速度幅值分别相差 20.0%、17.6%、10.1%；地震激励为天津波时，三种方法得到的不同摩擦系数时的主梁加速度幅值分别相差 7.9%、12.5%、9.8%，因此可以得出摩擦因数对摩擦摆连续梁桥主梁加速度幅值的影响较小。

（4）优化前和优化后理论方法得到主梁加速度幅值均具有较好的计算精度，可以满足工程应用的要求；但优化后理论方法得到的摩擦摆连续梁桥主梁加速度幅值随摩擦因数的变化趋势更接近于有限元仿真得到的结果。

表 2-10　不同地震波时主梁加速度幅值

地震波类型		摩擦因数									
		0.03	**0.04**	**0.05**	**0.06**	**0.07**	**0.08**	**0.09**	**0.10**	**0.11**	**0.12**
El Centro 波 /(m/s²)	仿真	3.94	4.01	4.05	4.05	4.07	4.10	4.22	4.29	4.43	4.55
	优化后	4.03	3.96	3.91	3.88	3.86	3.87	3.89	3.93	3.94	3.96
	优化前	4.25	4.23	4.20	4.16	4.13	4.09	4.06	4.03	4.00	3.98
Kobe 波 /(m/s²)	仿真	4.46	4.48	4.53	4.59	4.71	4.77	4.85	4.60	4.57	4.52
	优化后	4.35	4.37	4.39	4.40	4.42	4.38	4.37	4.35	4.33	4.32
	优化前	4.43	4.36	4.32	4.33	4.34	4.35	4.37	4.37	4.38	4.38
Taft 波 /(m/s²)	仿真	4.46	4.47	4.55	4.68	4.81	4.93	5.05	5.15	5.25	5.35
	优化后	4.25	4.26	4.28	4.35	4.48	4.61	4.71	4.78	4.88	5.00
	优化前	4.07	4.19	4.27	4.33	4.37	4.40	4.42	4.42	4.43	4.48
天津波 /(m/s²)	仿真	5.18	5.12	5.04	4.99	4.93	4.98	4.95	4.92	4.84	4.80
	优化后	5.48	5.36	5.26	5.18	5.10	5.02	4.94	4.80	4.84	4.87
	优化前	5.69	5.62	5.55	5.48	5.42	5.36	5.31	5.26	5.22	5.18

选用 Taft 波作为地震激励，抗震设防烈度为 8 度，摩擦摆支座滑道半径分别为 2m、2.5m、3m、3.5m、4m，摩擦因数分别为 0.03、0.04、0.05、0.06、0.07、0.08、0.09、0.1、0.11、0.12，分别采用有限元仿真和优化后理论方法计算得到主梁加速度幅值如图 2-26 所示，理论计算结果与有限

元仿真结果相比的误差如图 2-27 所示。

由图 2-26 可知，两种方法得到的主梁加速度幅值随摩擦因数和滑道半径的变化趋势基本一致。主梁加速度幅值随着摩擦因数的增加而增大，随着滑道半径的减小而减小，且摩擦因数对主梁加速度的幅值影响较大。由图 2-27 可知，不同工况下优化后理论方法计算结果与有限元仿真结果相比误差均小于 8%，因此优化后理论方法具有较高的计算精度。

选用 Taft 波、El Centro 波、Kobe 波、Northridge 波、天津波作为地震激励，摩擦摆支座滑道半径及摩擦因数分别为 2m、0. 05，抗震设防烈度为 8 度，优化后理论方法与有限元仿真得到的主梁加速度响应曲线分别如图 2-28 至图 2-32 所示。由主梁加速度响应曲线可知，两种方法得到的响应曲线振动趋势基本一致，而且在整个地震波持续时间内均具有很好的重合性。

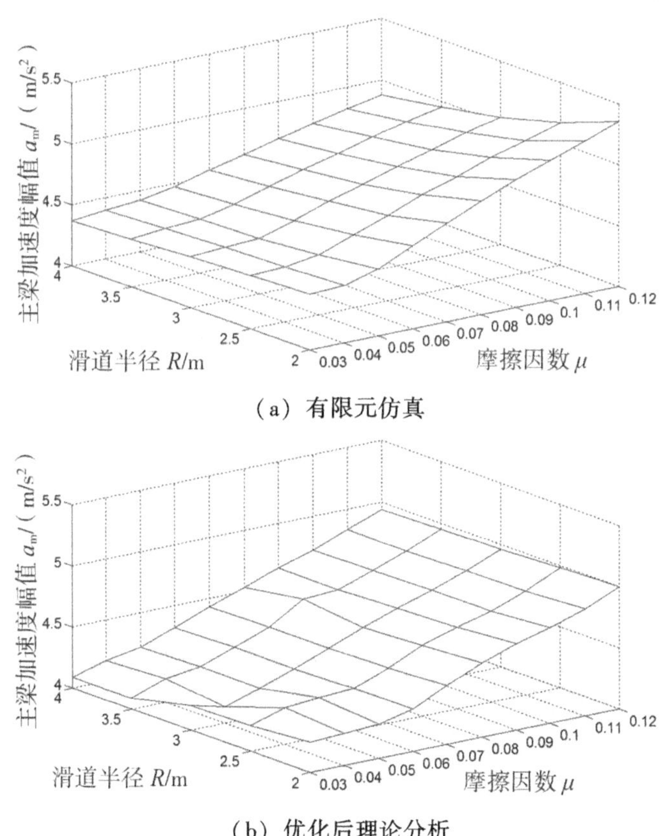

（a）有限元仿真

（b）优化后理论分析

图 2-26　滑道半径对主梁加速度幅值的影响

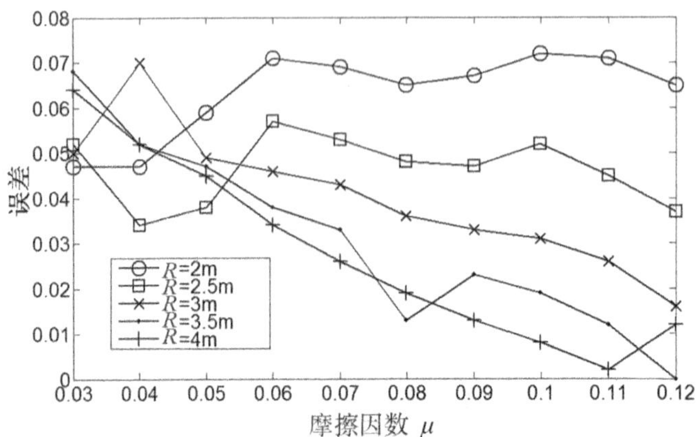

图 2-27　优化后理论方法与有限元仿真结果误差

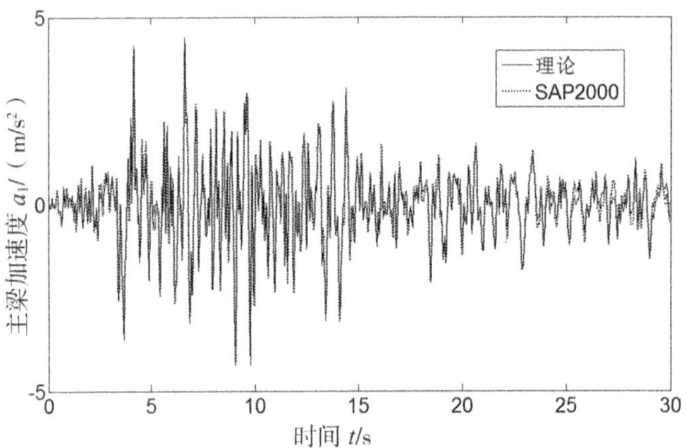

图 2-28　时程响应曲线（Taft 波）

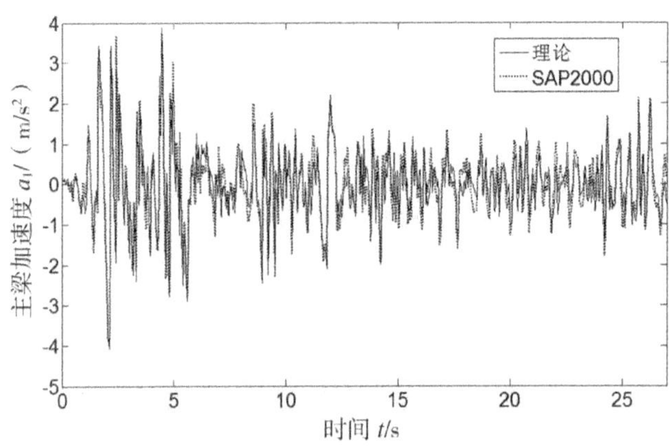

图 2-29　时程响应曲线（EL Centro 波）

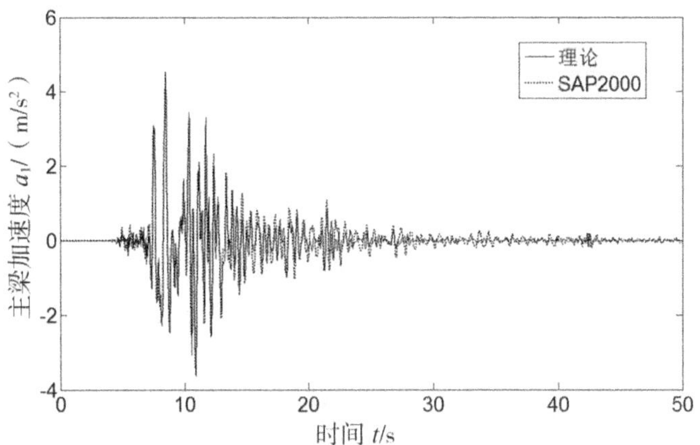

图 2-30　时程响应曲线（Kobe 波）

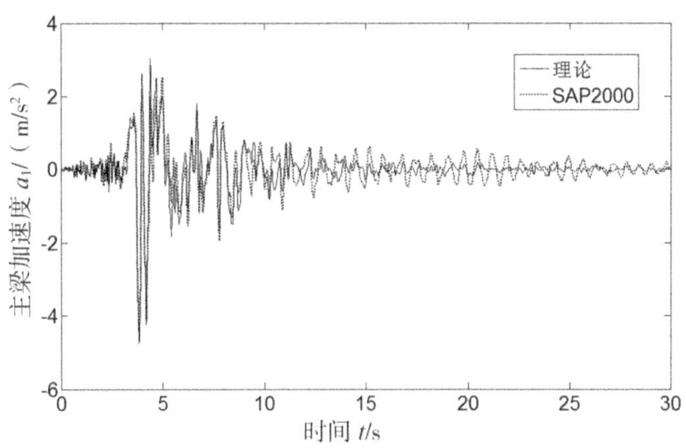

图 2-31　时程响应曲线（Northridge 波）

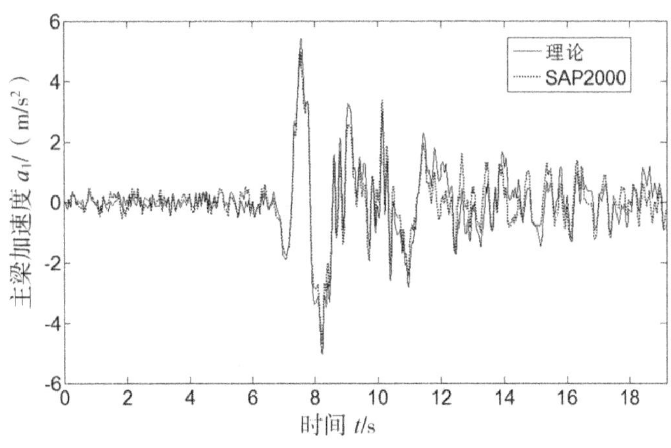

图 2-32　时程响应曲线（天津波）

2.7 桥墩墩底剪力优化结果分析

选择 Taft 波、Kobe 波作为地震激励，摩擦摆支座滑道半径分别为 2m、3m，摩擦因数分别为 0.03、0.04、0.05、0.06、0.07、0.08、0.09、0.10、0.11、0.12，抗震设防烈度分别为 7 度、8 度，采用有限元仿真、优化后及优化前理论方法得到不同工况时桥墩底部剪力幅值分别如图 2-33 至图 2-40 所示。8 种计算工况见表 2-11。

表 2-11　不同计算工况时地震激励及滑道半径

工况	输入波	滑道半径/m	抗震设防烈度/度
工况一	Taft 波	2	7
工况二	Taft 波	2	8
工况三	Taft 波	3	7
工况四	Taft 波	3	8
工况五	Kobe 波	2	7
工况六	Kobe 波	2	8
工况七	Kobe 波	3	7
工况八	Kobe 波	3	8

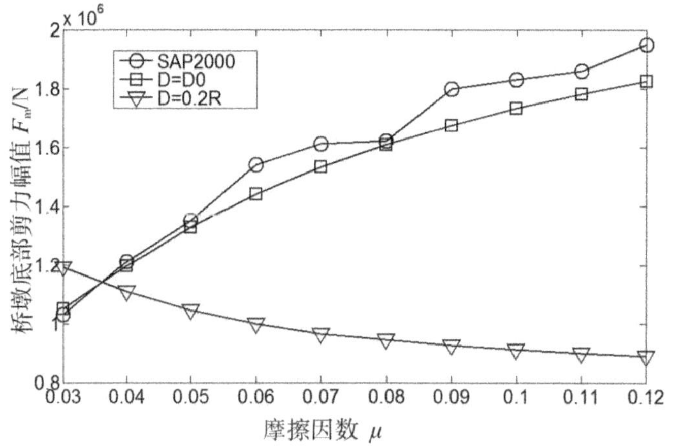

图 2-33　工况一桥墩底部剪力幅值

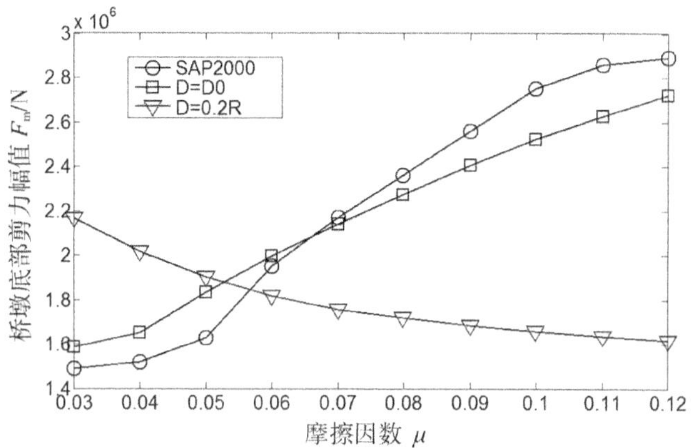

图 2-34　工况二桥墩底部剪力幅值

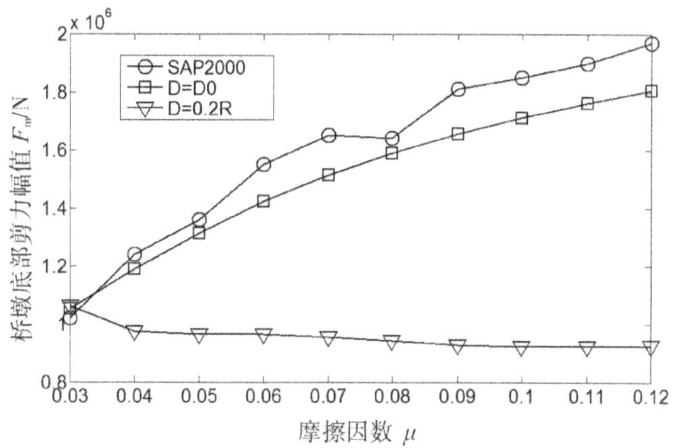

图 2-35　工况三桥墩底部剪力幅值

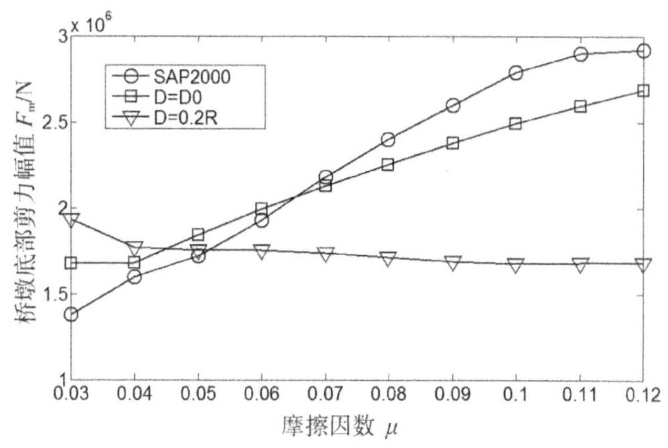

图 2-36　工况四桥墩底部剪力幅值

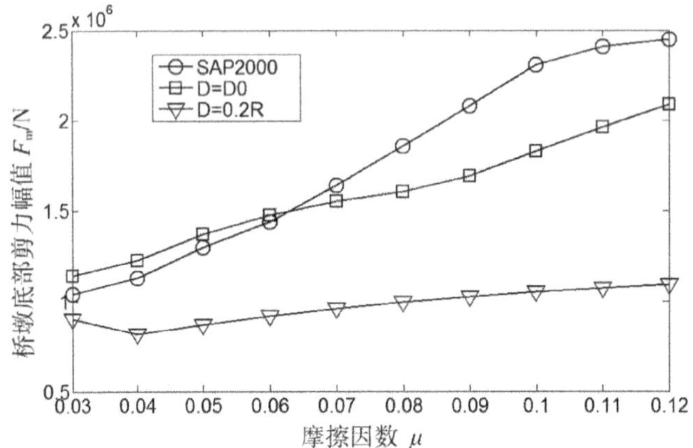

图 2-37 工况五桥墩底部剪力幅值

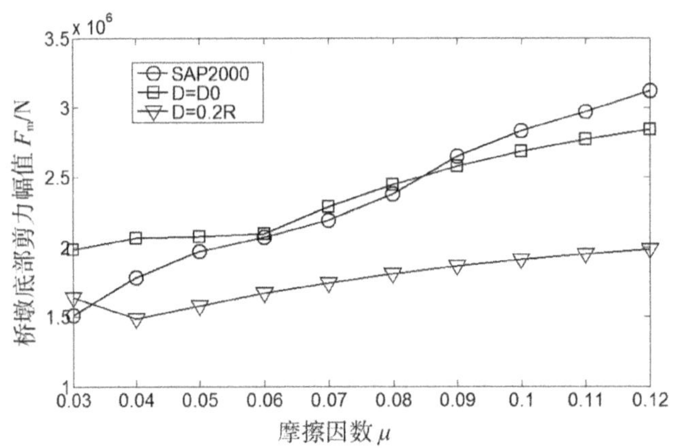

图 2-38 工况六桥墩底部剪力幅值

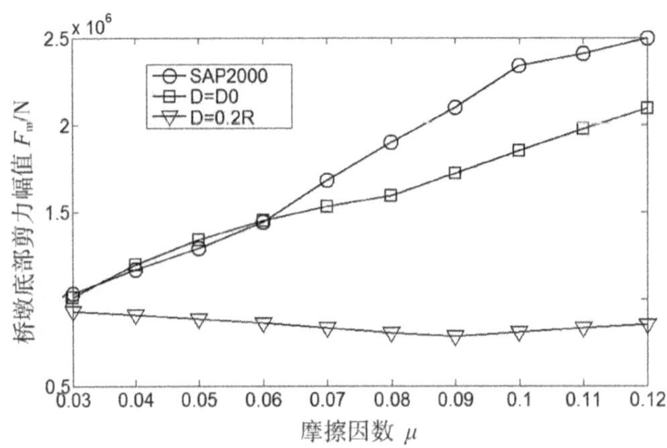

图 2-39 工况七桥墩底部剪力幅值

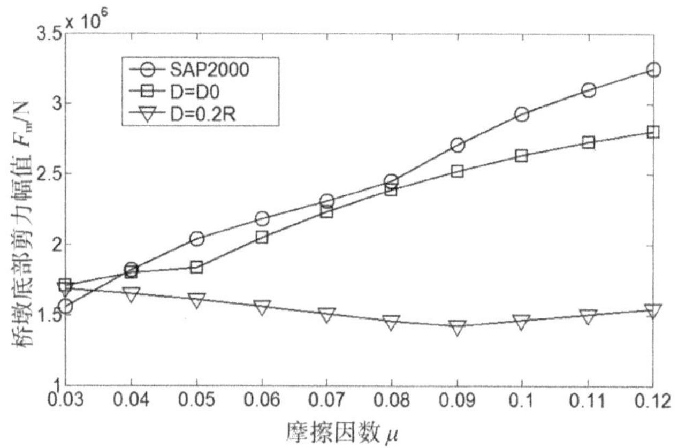

图 2-40　工况八桥墩底部剪力幅值

由有限元仿真、优化后及优化前理论分析得到的不同工况时桥墩底部剪力幅值与摩擦因数的关系图可知：

(1) 优化后理论方法得到的桥墩底部剪力幅值随摩擦因数的变化趋势与有限元仿真结果一致，即剪力幅值随着摩擦系数的增加而增大。

(2) 摩擦因数较小时优化后理论方法得到的桥墩底部剪力幅值接近于有限元仿真结果，但随着摩擦因数的增大优化后理论方法与有限元仿真结果间的误差逐渐增大，这主要是由于随着摩擦因数的增大摩擦摆支座对桥墩顶部的约束加强，而理论分析中没有考虑摩擦摆支座对桥墩顶部的约束作用，将所有计算工况时的桥墩等效刚度均设置为了相同值。

(3) 优化前理论方法得到的剪力幅值与有限元仿真结果间的误差很大，且两种方法得到的剪力幅值与摩擦因数的变化趋势不同甚至是相反的，因此采用优化前理论方法对桥墩底部剪力地震响应进行研究是不合理的。

2.8　本章小结

本章通过地震激励动力学特性、摩擦摆支座滑道半径和摩擦因数对滑动位移的影响，得出了摩擦摆支座等效线性化计算公式中滑动位移的推荐计算公式，并制定了我国不同抗震设防区域摩擦摆支座设计位移的选择方法，研究结果对《公路桥梁摩擦摆式减隔震支座》(JT/T852-2013) 行业标准进行了完善和补充，并为今后摩擦摆支座国家标准的制定提供了理论依据。采用有限元仿真和理论方法对摩擦摆连续梁桥进行了地震响应分析，结果表明采用传统滑动位移推荐公式得到的隔震桥梁地震响应幅值误差很大，且不能用于桥墩底部剪力地震响应的研究，而优化后理论方法得到的主梁位移及加速度幅值、桥墩底部剪力幅值具有更好的计算精度，且各地震响应幅值随摩擦因数的变化趋势与有限元仿真结果基本一致。

第3章

摩擦摆支座结构强度及参数优化分析

摩擦摆支座是连接桥梁上部结构和下部结构的重要部件，在地震波作用时不断承受桥梁上部结构动载荷的冲击作用，因此需要保证摩擦摆支座结构强度具有较高的安全裕度。龚健利用有限元仿真对摩擦摆支座在设计位移处时的结构应力分布进行了研究，但有限元模型中没有考虑混凝土桥墩的支承作用[45]。刘岳兵、何维等研究了混凝土桥墩支承对支座结构强度的影响，并利用 ANSYS 有限元软件建立了混凝土桥墩的有限元模型，但两人的研究对象分别为盆式橡胶支座和球型支座[118,119]。目前对于摩擦摆隔震桥梁地震响应的研究较多并取得了大量成果，Kim 对双凹摩擦摆隔震装置在桥梁结构中的抗震性能进行了分析，研究结果表明摩擦摆隔震装置能够明显降低桥墩底部的剪力幅值[120]。Drozdov 等指出摩擦摆支座能够满足不同桥梁和建筑物的使用要求，最大设计位移可以达到 1.5m，隔震周期可以达到 1~5s[121]。吴陶晶提出了忽略摩擦

摆支座双向耦合效应会大大低估支座变形的峰值响应，桥墩高度对摩擦摆支座双向耦合效应影响不明显，双向耦合效应随着屈服刚度的增加越来越显著[122]。但隔震桥梁地震响应与摩擦摆支座隔震周期及地震动特性密切相关，迄今为止对隔震桥梁中摩擦摆支座滑道半径及摩擦因数的优化研究还较少。

利用 ABAQUS 有限元仿真研究混凝土桥墩支承对摩擦摆支座结构强度的影响，并分析摩擦摆支座滑动位移对支座各结构应力及变形分布的影响。通过对比隔震桥梁和非隔震桥梁的地震响应及隔震率，对摩擦摆支座在不同地震激励和抗震设防烈度时的抗震性能进行研究。以摩擦摆连续梁桥地震响应中的主梁位移幅值、主梁加速度幅值及桥墩底部剪力幅值为控制目标，对不同地震激励和抗震设防烈度时摩擦摆支座的滑道半径和摩擦因数进行了优化分析。

3.1 摩擦摆支座结构强度分析

由于摩擦摆支座辅助构件结构复杂且对支座整体受力情况影响较小，且支座辅助构件单元网格尺寸较小会大大增加计算时间甚至造成有限元仿真结果无法收敛，因此有限元仿真中仅对摩擦摆支座主要构件进行建模，摩擦摆支座主要结构示意图如图 3-1 所示，摩擦摆滑动面摩擦因数通常为 0.05 ~ 0.12，通过润滑剂的使用可以达到 0.03 甚至更低。试验方法只能对特定参数下的摩擦摆支座进行力学性能的研究，试验样品个数有限且试验研究耗费时间很长，无法对摩擦摆支座内部结构的应力及变形分布进行深入的研究。因此可以采用 ABAQUS 有限元分析软件，对摩擦摆支座各结构的应力及变形分布进行非线性静力学分析[123]，研究混凝土桥墩支承及滑动位移对摩擦摆支座结构强度的影响。

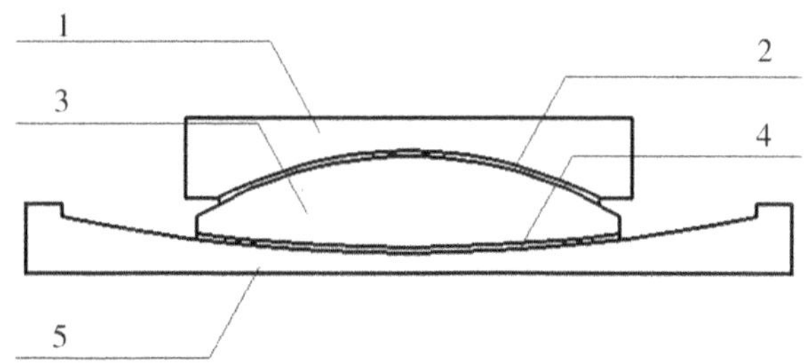

图 3-1 摩擦摆支座主要结构示意图

1—上支座板；2—上聚四氟乙烯板；3. 球型滑块；
4—下聚四氟乙烯板；5—下支座板

3.1.1 有限元模型

ABAQUS/Standard 分析方法中的 Newton-Raphson 算法可以用来解决摩擦摆支座力学模型中的接触分析、大位移分析等一系列非线性问题。该算法在每个时间步内建立结构的力学平衡方程，并通过迭代计算使每个时间步的分析结果能够收敛，最后通过若干时间步的叠加计算得到有限元模型非线性分析结果。摩擦摆支座有限元模型如图 3-2 所示，模型中包括了摩擦摆支座和混凝土桥墩支承结构，有限元模型主要结构参数见表 3-1。由于摩擦摆支座结构及承受的竖向载荷均关于 XY 面对称，为了提高计算效率建立 1/2 实体轴对称模型进行有限元仿真分析，有限元模型中钢材料、聚四氟乙烯板及混凝土均视为理想的线弹性材料，各种材料的弹性模量及泊松比见表 3-2。单元格选用六面体单元，该单元为 8 节点缩减积分单元，通过扫掠网格法中的进阶算法对有限元模型进行网格划分如图 3-3 所示，有限元模型单元格数共计 18975 个。

表 3-1 摩擦摆支座有限元模型结构参数

参数	尺寸/mm	参数	尺寸/mm
上支座板高度	100	滑块高度	112
上支座板长度	560	滑块宽度	530
上支座板宽度	560	桥墩高度	2000
聚四氟乙烯板厚度	7	桥墩半径	1500
滑块上表面球面半径	510	上支座板高度	85
滑块下表面球面半径	2097	上支座板长度	960
限位处高度	14. 5	上支座板宽度	960

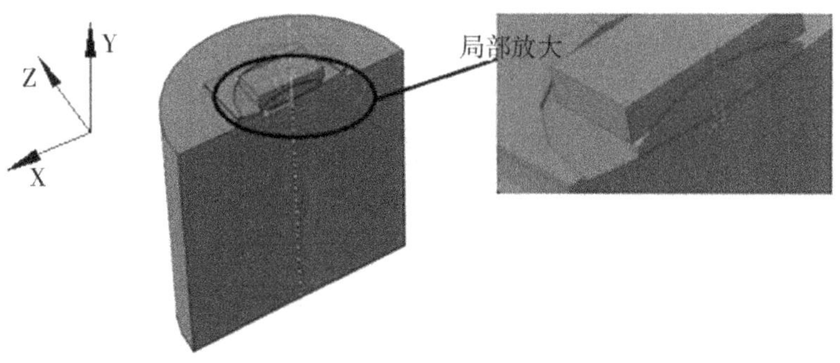

图 3-2 三维实体有限元模型

表 3-2 摩擦摆支座各结构力学参数[118]

结构	Q345 钢结构	聚四氟乙烯板	C30 混凝土桥墩
弹性模量/MPa	2. 1e5	1500	3. 3e4
泊松比	0. 3	0. 4	0. 2

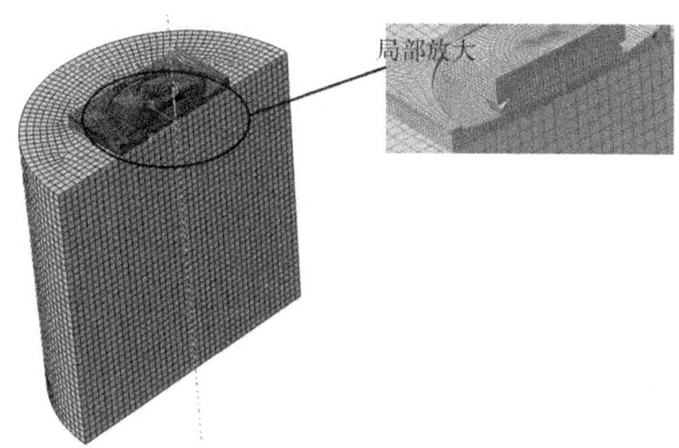

图 3-3　有限元模型网格划分

3.1.2 边界条件及载荷施加

有限元模型边界条件及载荷施加如图 3-4 所示。桥墩底部采用固接约束，即桥墩底面三个方向的平动自由度和转动自由度均设置为 0；由于有限元模型为轴对称模型，因此需要在对称面（*XY* 面）内施加对称约束；聚四氟乙烯板是镶嵌于球型滑块表面内的凹槽中，因此聚四氟乙烯板与球型滑块间均设置为粘接约束；聚四氟乙烯板与上支座板和下支座板接触面设置

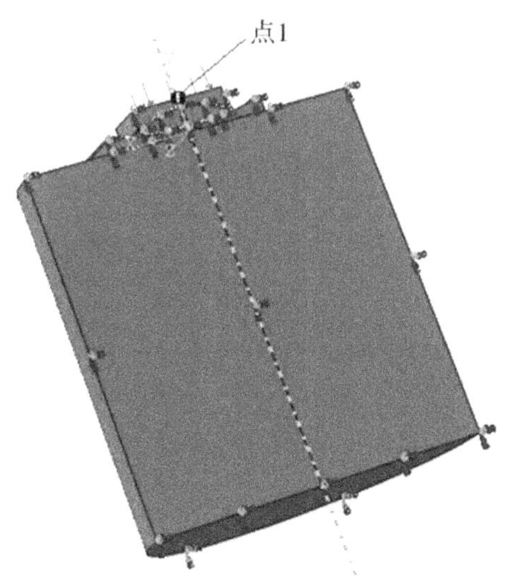

图 3-4　有限元模型边界条件及约束

为接触约束，接触面摩擦因数设置为0.05；摩擦摆支座发生水平滑动时，上支座板的上表面始终保持水平状态，因此设置图3-4中点1与上支座板水平面耦合，约束点1绕Z轴方向的转动自由度，保证有限元模型与实际工况完全一致。载荷施加一共包括3个载荷步，具体如下：

(1) 载荷步1。上支座板竖向压力0.1MPa，使各个接触面的网格在竖向压力作用下不会出现畸形网格，从而保证下一步的计算能够顺利完成。

(2) 载荷步2。上支座板竖向压力10MPa，即最大竖向载荷。

(3) 载荷步3。水平位移载荷，位移变化范围为±100mm，如果没有发生水平方向相对滑动，水平位移设置为0。

3.1.3 桥墩对摩擦摆支座应力分布的影响

在实际工况下摩擦摆支座设置于桥墩与主梁之间，上支座板顶面和下支座底面分别与主梁底面和桥墩上表面连接，即摩擦摆支座底部为混凝土桥墩支承。目前摩擦摆支座试验研究中往往会忽略混凝土桥墩对摩擦摆支座结构强度的影响，直接将摩擦摆支座放置于试验台进行力学性能的试验研究，此时摩擦摆支座底部为刚性支承。为了研究混凝土桥墩支承对摩擦摆支座应力分布的影响，分别对以下两种工况时摩擦摆支座的结构强度进行有限元仿真分析：

工况一：弹性支承，即模型中有混凝土桥墩支承，将桥墩底部固接约束，有限元模型如图3-2所示。

工况二：刚性支承，即模型中没有混凝土桥墩支承，将摩擦摆支座底部直接固接约束，有限元模型及网格划分分别如图3-5、图3-6所示。

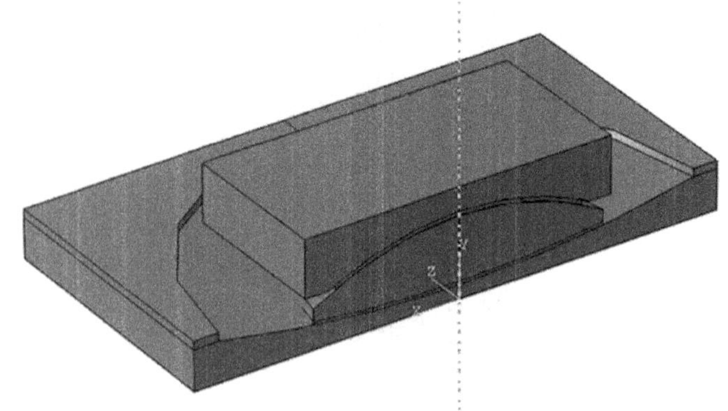

图3-5 刚性支承有限元模型

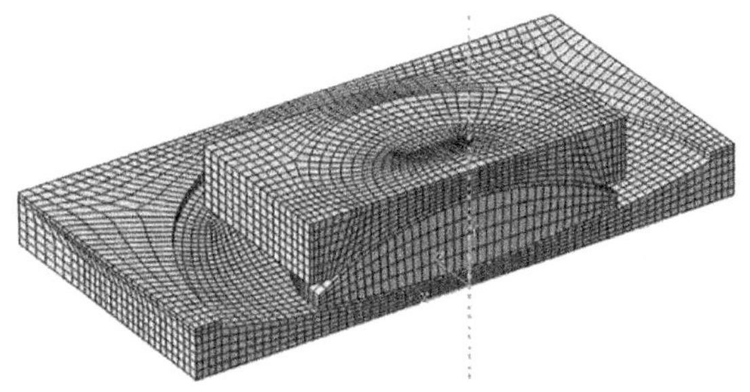

图 3-6　刚性支承网格划分

如图 3-7 所示为不同工况时上支座板的应力及变形分布。由图 3-7 可知，两种工况时上支座板应力及变形分布基本一致，应力最大值在上支座板的上表面中心处呈环形分布，向四周方向逐渐减小；变形在中心处最小，向四周方向逐渐增大，最大变形出现在上支座板的边角区域。弹性支承与刚性支承时上支座板的最大应力值分别为 36.4MPa、58.4MPa，采用刚性支承计算得到的最大应力值相比于弹性支承增大了 60.4%；弹性支承与刚性支承时上支座板最大变形分别为 0.35mm、0.29mm，采用刚性支承计算得到的最大变形值相比于弹性支承减小了 17.1%。

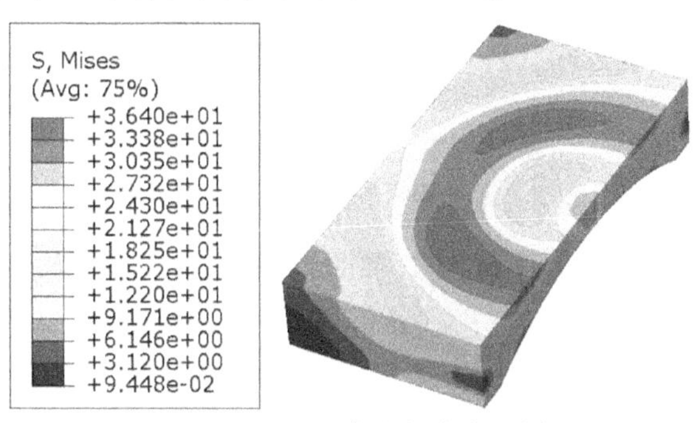

(a) 工况一上支座板应力云图

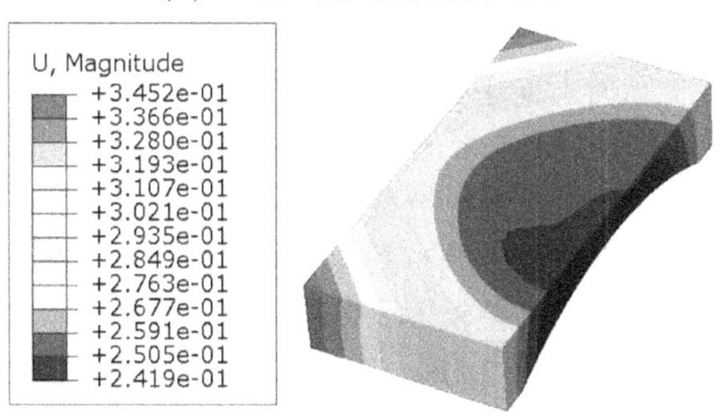

(b) 工况一上支座板位移云图

图 3-7　上支座板应力及变形分布

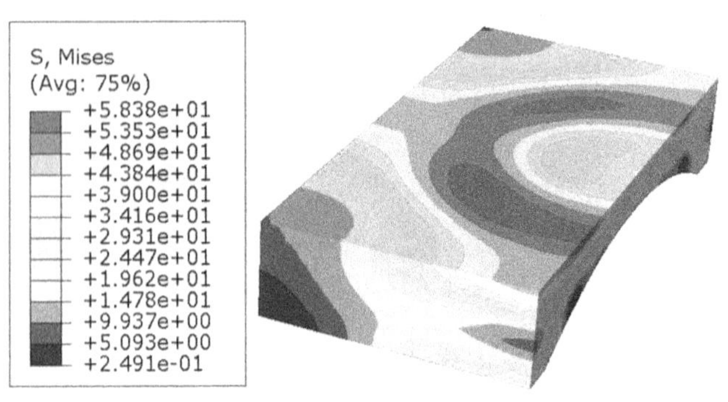

(c) 工况二上支座板应力云图

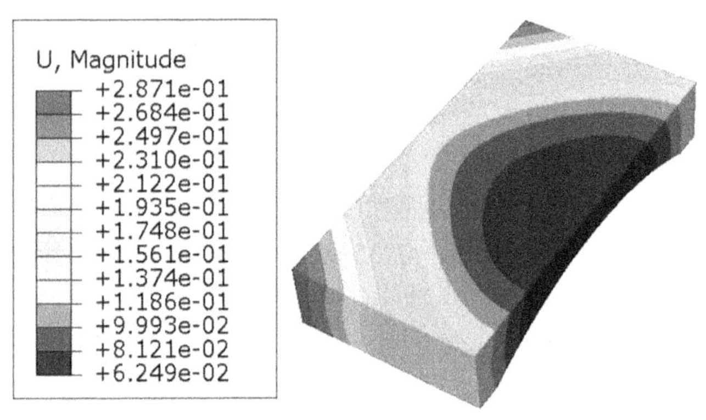

(d) 工况二上支座板位移云图

图 3-7 上支座板应力及变形分布（续）

如图 3-8 所示为不同工况时上聚四氟乙烯板的应力及变形分布。由图3-8可知，两种工况下应力与变形分布基本一致，较大应力均出现在上聚四氟乙烯板的边缘处，向内部中心处逐渐减小；较大变形同样出现在结构边缘处。弹性支承与刚性支承时上聚四氟乙烯板的最大应力值分别为26.6MPa、28.3MPa，采用刚性支承计算得到的最大应力值增大了6.4%；弹性支承与刚性支承时上支座板最大变形值分别为0.42mm、0.29mm，采用刚性支承计算得到的最大变形值减小了31.0%。

如图 3-9 所示为不同工况时球型滑块的应力及变形分布。由图 3-9 可知，两种工况下球型滑块应力分布基本一致，较大应力在球型滑块下表面呈环形分布；而变形分布相差较大。弹性支承与刚性支承时上支座板最大应力值分别为44.3MPa、38.2MPa，采用刚性支承计算得到的最大应力值减小了13.8%；弹性支承与刚性支承时球型滑块最大变形值分别为0.21mm、0.05mm，采用刚性支承计算得到的最大变形值减小了76.2%。

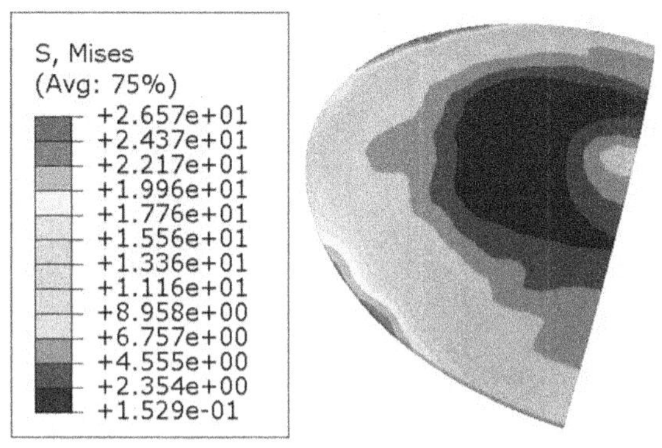

(a) 工况一上聚四氟乙烯板应力云图

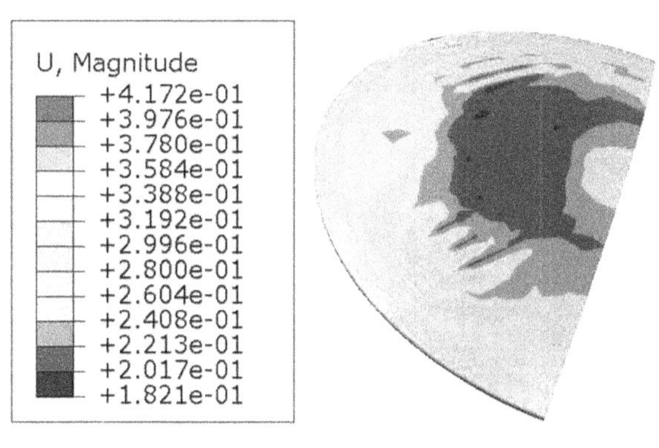

(b) 工况一上聚四氟乙烯板位移云图

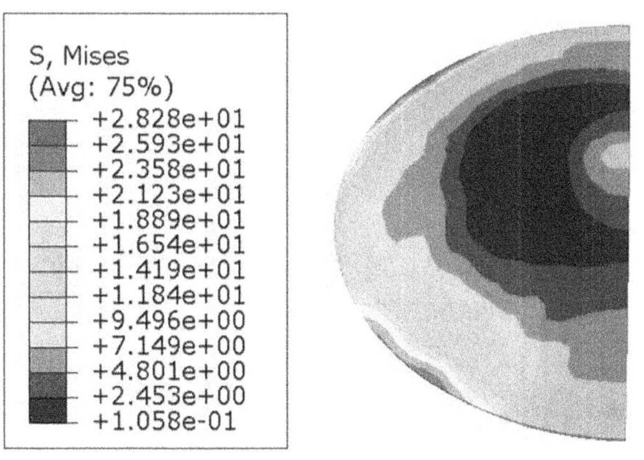

(c) 工况二上聚四氟乙烯板应力云图

图 3-8　上聚四氟乙烯板应力及变形分布

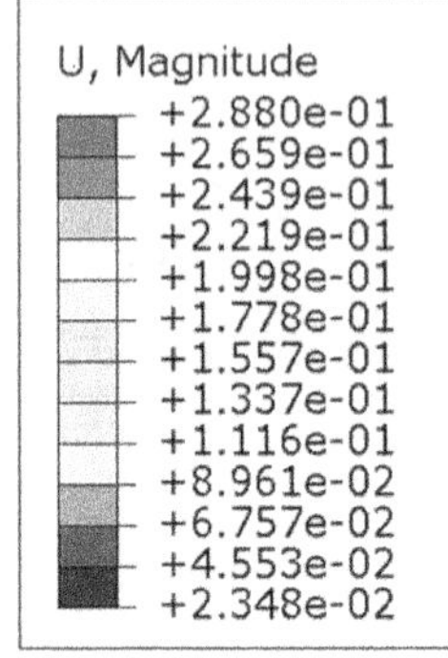

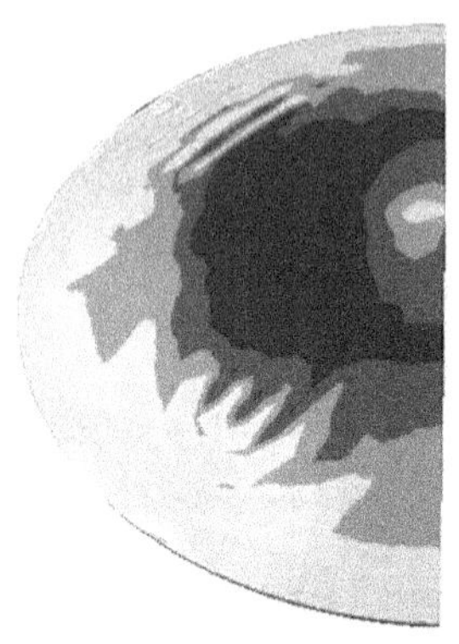

(d) 工况二上聚四氟乙烯板位移云图

图 3-8　上聚四氟乙烯板应力及变形分布（续）

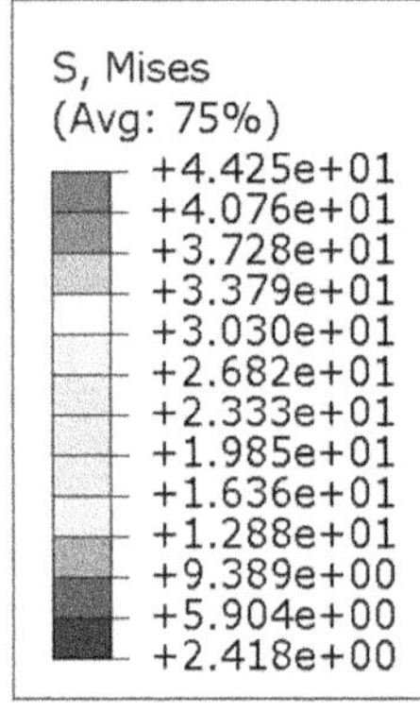

(a) 工况一球型滑块应力云图

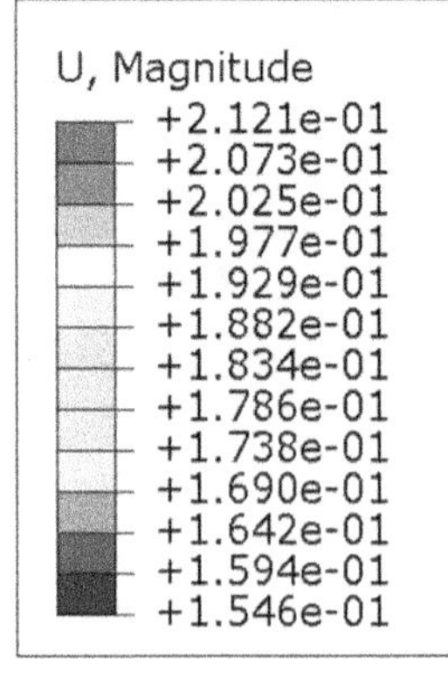

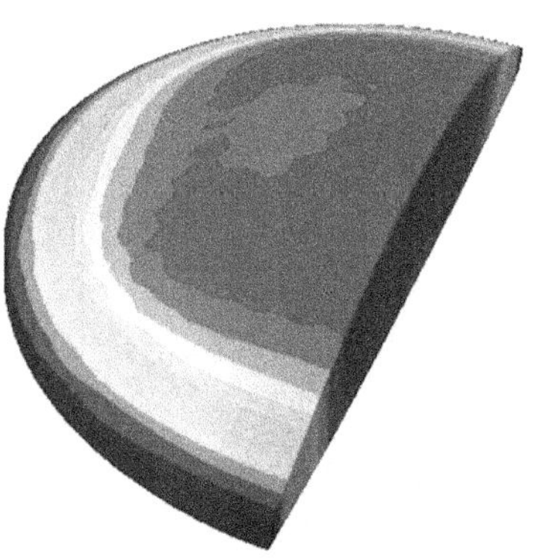

(b) 工况一球型滑块位移云图

图 3-9　球型滑块应力及变形分布

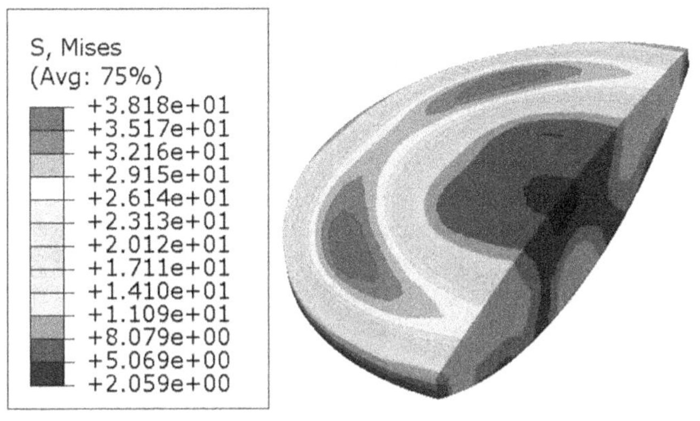

(c) 工况二球型滑块应力云图

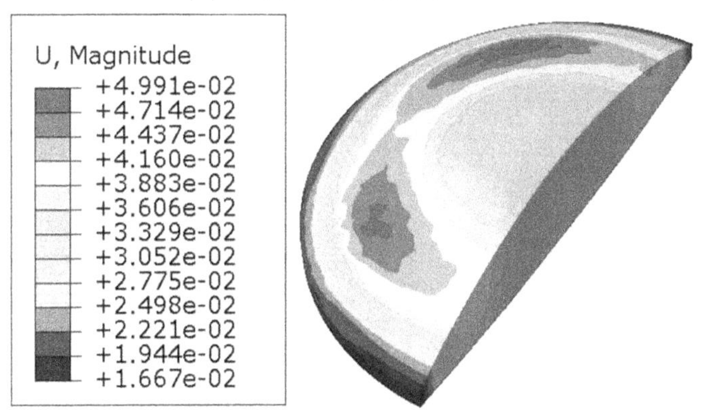

(d) 工况二球型滑块位移云图

图3-9　球型滑块应力及变形分布（续）

如图3-10所示为不同工况时下聚四氟乙烯板的应力及变形分布。由图3-10可知，两种工况下应力及变形分布均相差较大。弹性支承与刚性支承时下聚四氟乙烯板最大应力值分别为8.5MPa、8.2MPa，采用刚性支承计算得到的最大应力值减小了3.5%；弹性支承与刚性支承时下聚四氟乙烯板最大变形值分别为0.21mm、0.04mm，采用刚性支承计算得到的最大变形值减小了81.0%。

如图3-11所示为不同工况时下支座板的应力及变形分布。由图3-11可知，两种工况下应力及变形分布有很大差别，采用弹性支承时下支座板的应力及变形分布均更加均匀，而采用刚性支承时应力及变形均集中分布在接触面内。弹性支承时最大应力在限位结构附近呈环形分布，刚性支承时最大应力集中在下支座板滑动面中心处，采用两种方法得到的下支座板最大应力值分别为20.0MPa、12.7MPa，采用刚性支承计算得到的最大应力值减小了 36.5%；弹性支承与刚性支承时下支座板最大变形值分别为 0.19mm、0.03mm，采用刚性支承计算得到的最大变形值减小了 84.2%。

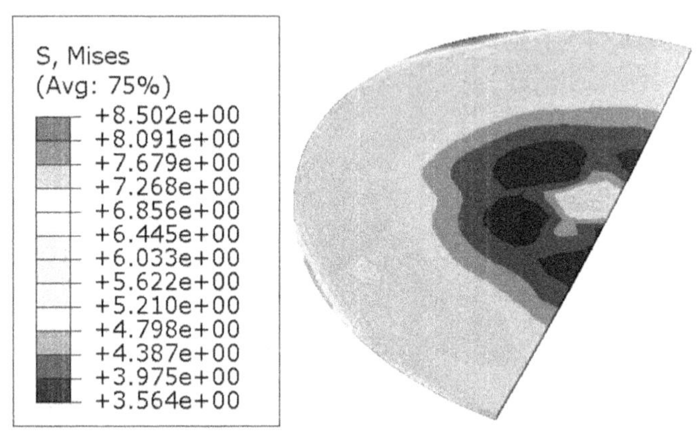

(a) 工况一下聚四氟乙烯板应力云图

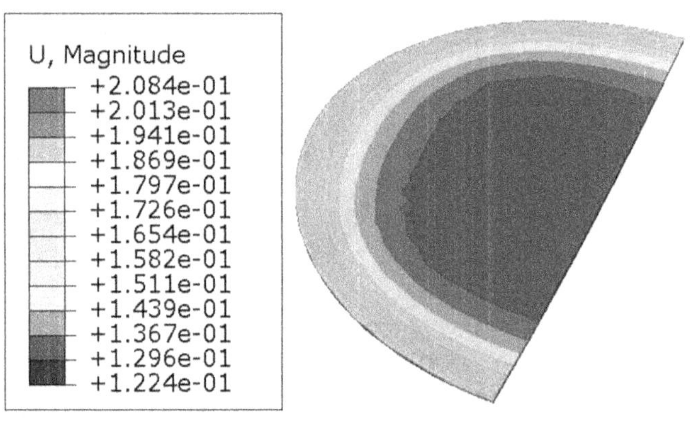

(b) 工况一下聚四氟乙烯板位移云图

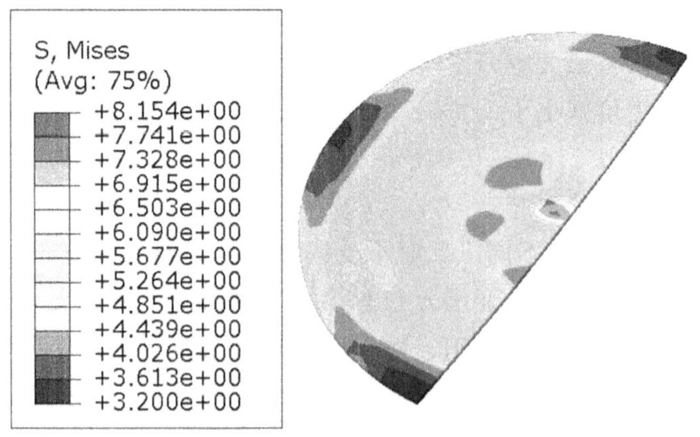

(c) 工况二下聚四氟乙烯板应力云图

图 3-10　下聚四氟乙烯板应力及变形分布

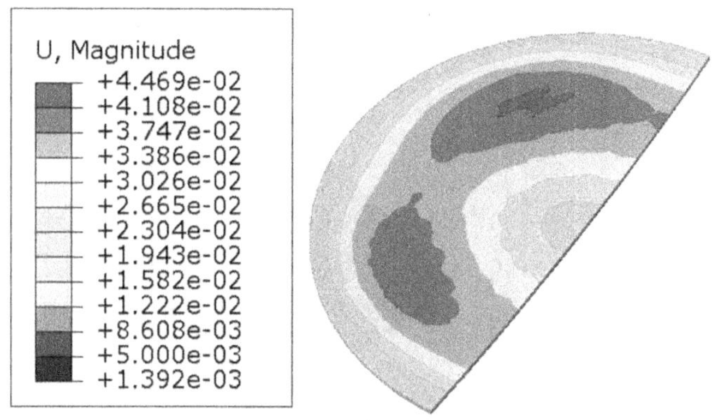

（d）工况二下聚四氟乙烯板位移云图

图 3-10　下聚四氟乙烯板应力及变形分布（续）

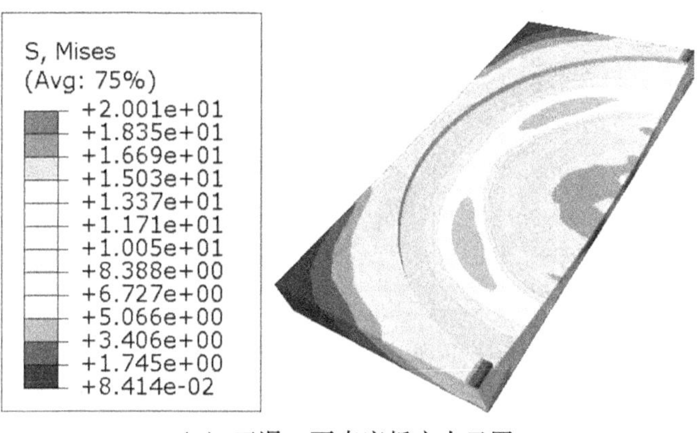

（a）工况一下支座板应力云图

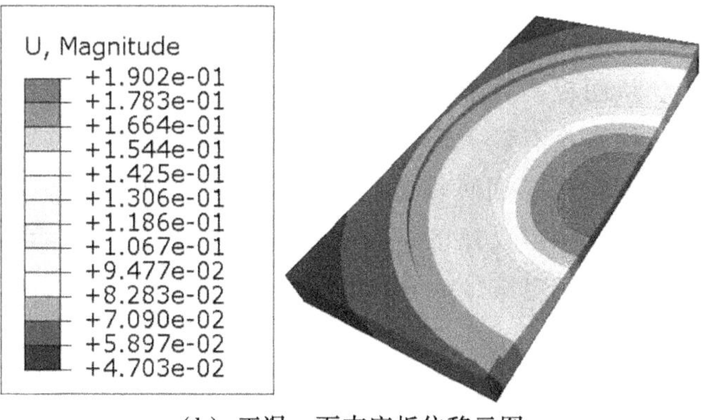

（b）工况一下支座板位移云图

图 3-11　下支座板应力及变形分布

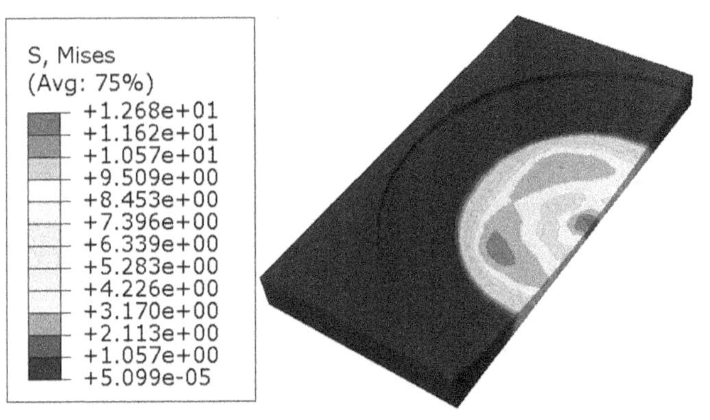

(c) 工况二下支座板应力云图

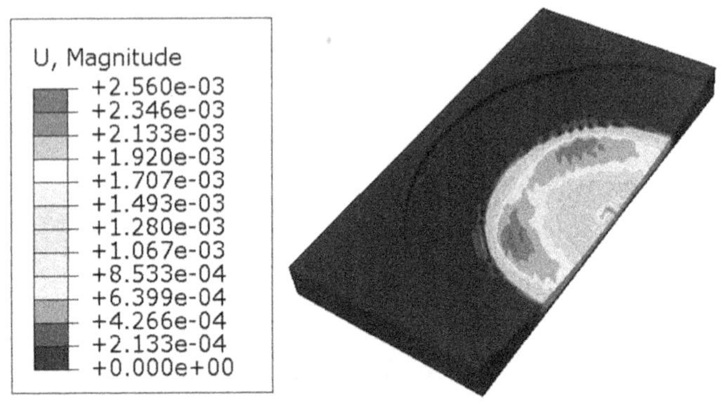

(d) 工况二下支座板位移云图

图 3-11 下支座板应力及变形分布（续）

由摩擦摆支座各结构应力及应变分布可知，在对摩擦摆支座结构强度进行计算分析时，有限元模型中必须考虑混凝土桥墩对摩擦摆支座应力及变形分布影响，从而提高计算结果的准确性。弹性支承与刚性支承时得到的摩擦摆支座结构强度有较大差别，这主要是由于混凝土桥墩的弹性变形使摩擦摆支座底部产生了锅底状变形，从而影响和改变了各结构的应力及变形分布。同时对摩擦摆支座的结构强度进行试验研究时，也需要在试验模型中考虑混凝土桥墩对试验结果的影响。

3.1.4 滑动位移对应力分布的影响

摩擦摆支座依靠滑动面的往复滑动进行摩擦耗能，减小地震输入能向上部结构的传递，因此摩擦摆支座在工作状态时会处于不同的滑动位移处。

对摩擦摆支座施加水平位移载荷，使支座由静止状态一直滑动到设计位移处。分别计算滑动位移为 0mm、20mm、40mm、60mm、80mm、100mm 时摩擦摆支座各结构的应力分布及应力幅值，研究滑动位移对摩擦摆支座应力分布和应力幅值的影响。摩擦摆支座滑动位移为 100mm 时的有限元模型如图 3-12 所示。由图 3-12 可知摩擦摆支座的上支座板始终保持水平状态，证明了有限元模型的边界条件和载荷施加是正确的。滑动位移为 100mm 时摩擦摆支座各结构的应力分布如图 3-13 所示，不同滑动位移时摩擦摆支座各结构的最大应力值如图 3-14 所示。

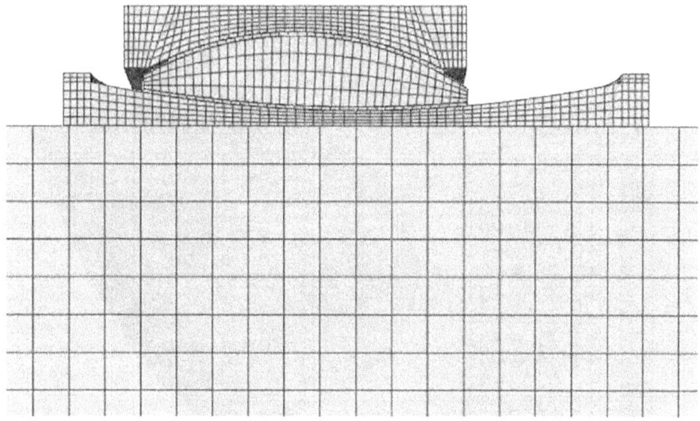

图 3-12　滑动位移为 100mm 时摩擦摆支座有限元模型

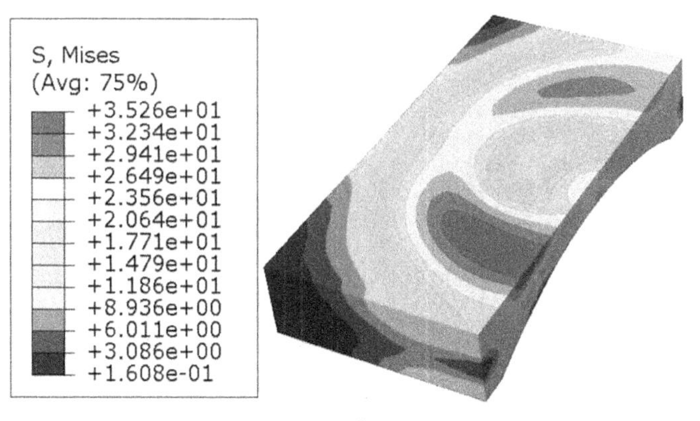

(a) 上支座板

图 3-13　摩擦摆支座各结构应力分布（滑动位移为 100mm）

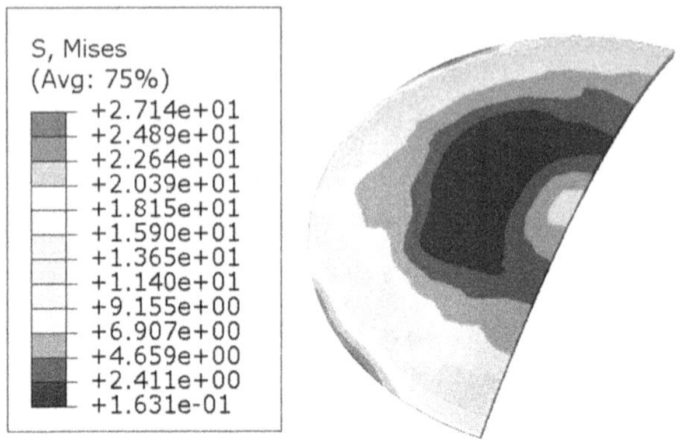

（b）上聚四氟乙烯板

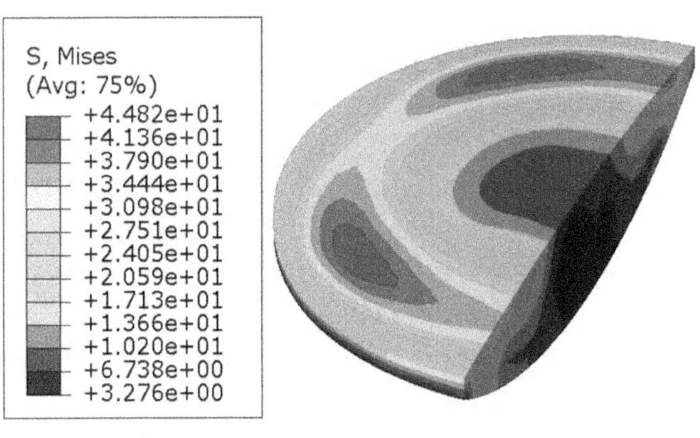

（c）球型滑块

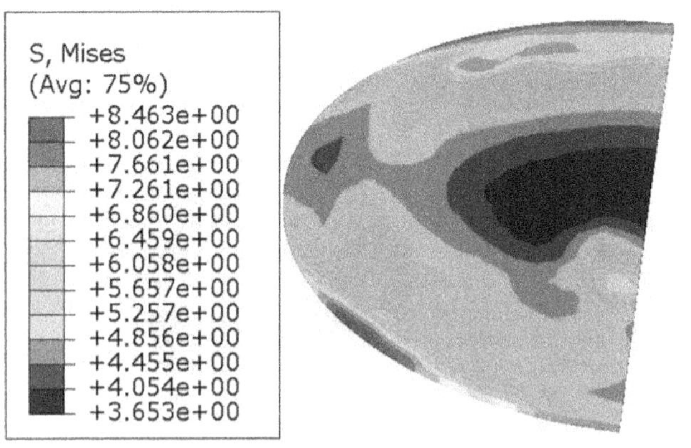

（d）下聚四氟乙烯板

图 3-13　摩擦摆支座各结构应力分布（滑动位移为 100mm）（续）

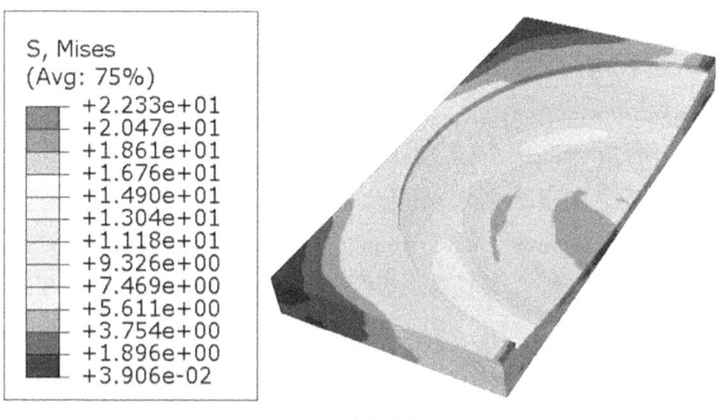

(e) 下支座板

图 3-13　摩擦摆支座各结构应力分布（滑动位移为 100mm）（续）

由图 3-13 可知，当摩擦摆支座的滑动位移为 100mm 时，摩擦摆支座各结构的应力分布基本保持不变，但较大应力的分布区域会向摩擦摆支座滑动方向产生偏移，这主要是由于接触面具有相同的滑道半径，在任何滑动位移处下支座板均具有很好的支承能力，同时上支座板始终处于水平状态保证了垂向载荷的作用方向没有发生变化。由图 3-14 可知，摩擦摆滑动位移对支座各结构的最大应力值影响较小；当滑动位移由 0mm 到 100mm 时，上支座板、上聚四氟乙烯板、球型滑块、下聚四氟乙烯板及下支座板的应力幅值分别相差了 12.1%、8.0%、1.6%、4.4%、10.3%。

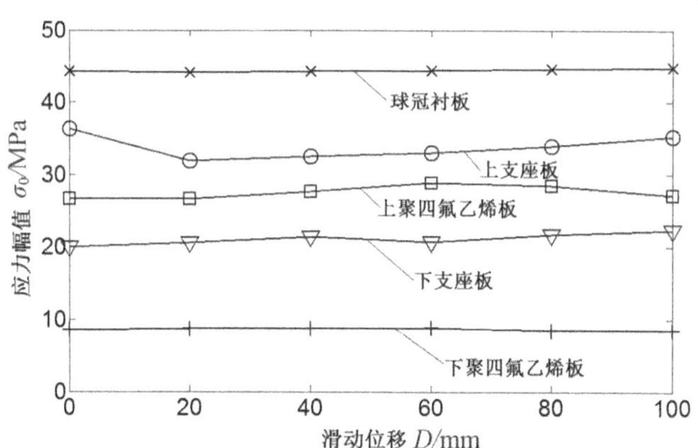

图 3-14　滑动位移对摩擦摆支座各结构应力幅值的影响

3.1.5 聚四氟乙烯板厚度对应力幅值的影响

聚四氟乙烯板的许用应力为 30MPa，第 3.1.3 节研究结果表明上聚四氟乙烯板为摩擦摆支座结构强度安全系数最低的构件。建立聚四氟乙烯板厚度分别为 7mm、9mm、11mm、13mm、15mm、17mm 时摩擦摆支座有限元模型，研究得到聚四氟乙烯板厚度对上聚四氟乙烯板最大应力值的影响如图 3-15 所示。

由图 3-15 可知，上聚四氟乙烯板最大应力值随着厚度的增加而减小。当厚度由 7mm 增加到 17mm 时，最大应力值由 26.6MPa 减小到了 21.4MPa，最大应力值降低了 19.5%。因此在满足摩擦摆支座结构设计要求的前提下，可以适当增加上聚四氟乙烯板的厚度。

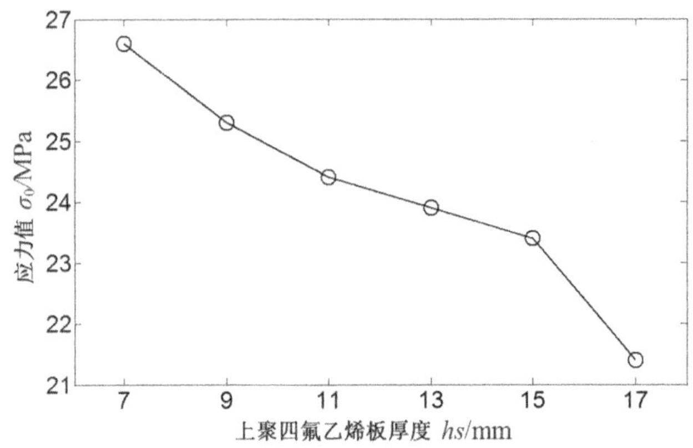

图 3-15　上聚四氟乙烯板最大应力值与厚度的关系

3.2　常用支座力学性能分析

3.2.1 非隔震支座

目前桥梁结构中应用最多的是盆式橡胶支座及球型支座，盆式橡胶支座及球型支座结构示意图分别如图 3-16、图 3-17 所示。盆式橡胶支座原理是将橡胶块设置于钢盆中用来承受桥梁上部结构的压力和转动，通过钢盆的约束使橡胶板处于三向受力状态，使其具有更高的承载能力。球型支座主要应用于弯桥、宽桥及大跨径桥梁，具有更高的设计反力和设计转角[125,126]。但盆式橡胶支座和球型支座均为非隔震支座，可选择 SAP2000 连接单元中的线性连接单元进行模拟，约束其在 3 个方向的平动自由度，仅在顺桥向方向具有一定的转动能力。

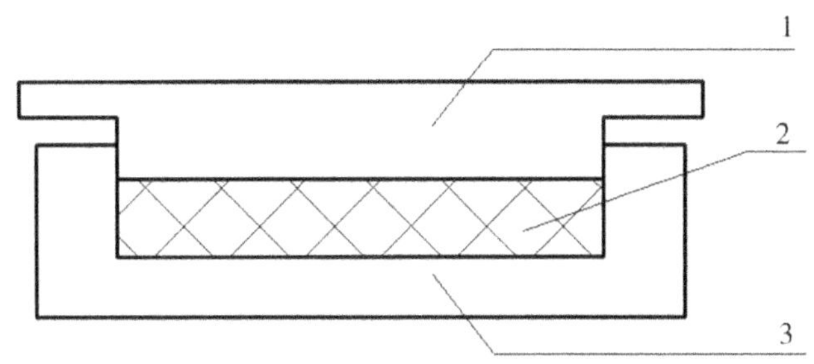

图 3-16　盆式橡胶支座结构示意图[124]

1—上支座板；2—承压橡胶板；3—下支座板

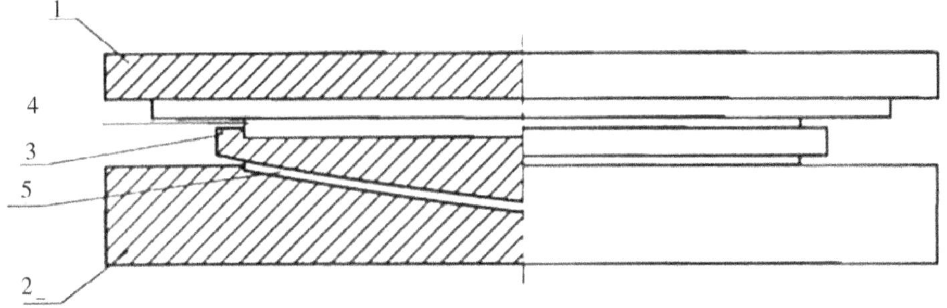

图 3-17　球型支座基本结构示意图

1—上支座板；2—下支座板；3—球冠衬板；
4—平面聚四氟乙烯板；5—球面聚四氟乙烯板

3.2.2 铅芯橡胶支座

铅芯橡胶支座通过薄橡胶板和薄钢板交错叠加后相互硫化黏结，并在支座中心嵌入一根或多根铅芯而成，结构示意图如图 3-18 所示。钢板对橡胶横向变形的约束大大增加了其竖向刚度，可以承受较大的竖向载荷，同时满足水平向的变形需要，地震作用下铅芯发生塑性变形产生阻尼效应，地震结束后铅芯可以提供水平恢复力[127,128]。铅芯橡胶支座可选择 SAP2000 连接单元中的橡胶隔震单元进行模拟。

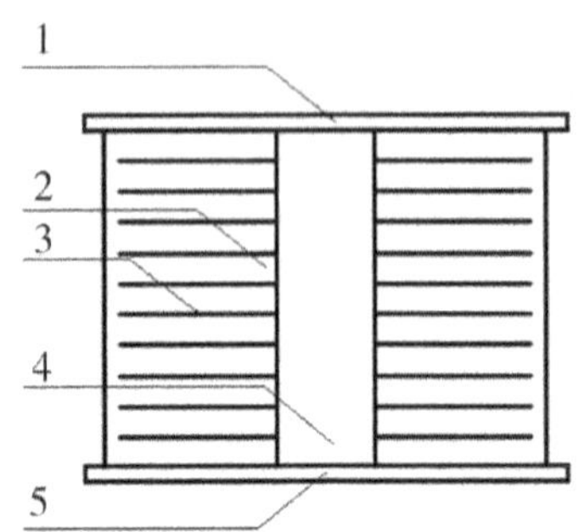

图 3-18 铅芯橡胶支座支座结构示意图

1—顶板；2—橡胶；3—夹层钢板；4—铅芯；5—底板

根据《公路桥梁铅芯隔震橡胶支座》(JT/T 822-2011) 要求，得到不同系列铅芯橡胶支座力学参数见表 3-3。

表 3-3 不同铅芯橡胶支座力学参数

支座编号	1	2	3	4	5
等效刚度/ (N/mm)	5.0	5.7	6.2	6.9	7.5
屈服刚度/ (kN/mm)	22.5	26.2	27.8	30.9	33.7
屈服力/kN	727	771	964	964	865
设计位移/mm	200	175	200	175	150
等效阻尼比	17.8%	17.4%	18.1%	18.1%	17.9%

3.3 隔震率分析

摩擦摆支座可以通过延长桥梁结构的振动周期从而避开地震波的特征频率，同时利用自身耗能能力减小地震输入能向上部结构的传递。定义摩擦摆支座的主梁加速度隔震率和桥墩底部剪力隔震率分别如公式（3-1）、公式（3-2）所示，对摩擦摆支座在连续梁桥中的隔震性能进行研究。

$$\beta_1 = \frac{a_m}{a'_m} \tag{3-1}$$

式中：β_1——主梁加速度隔震率；

a_m——隔震桥梁主梁加速度幅值；

a'_m——非隔震桥梁主梁加速度幅值。

$$\beta_2 = \frac{F_m}{F'_m} \tag{3-2}$$

式中：β_2——桥墩底部剪力隔震率；

F_m ——隔震桥梁桥墩底部剪力幅值；

F'_m ——非隔震桥梁桥墩底部剪力幅值。

3.3.1 地震激励对隔震率的影响

选用周期为 0.5s 的正弦波、Taft 波、El Centro 波、Northridge 波及天津波作为地震激励，分别建立非隔震支座、铅芯橡胶支座及摩擦摆支座六跨连续梁桥有限元模型，对铅芯橡胶支座和摩擦摆支座在抗震设防烈度为 8 度时的隔震率进行研究。有限元模型中铅芯橡胶支座力学参数与表 3-3 中的 2 号支座一致，摩擦摆支座的滑道半径及摩擦因数分别为 2m、0.05，研究得到了不同地震激励时铅芯橡胶支座和摩擦摆支座隔震桥梁的动力响应幅值及其隔震率见表 3-4。

由表 3-4 可知，摩擦摆支座和铅芯橡胶支座应用于连续梁桥结构中均具有较好的隔震效果，可以大幅度降低主梁加速幅值和桥墩底部剪力幅值；当输入波为长周期地震激励时，摩擦摆支座比铅芯橡胶支座具有更好的隔震效果；当地震激励特征周期小于 0.6s 时，摩擦摆支座主梁加速度隔震率和桥墩底部剪力隔震率可以达到 49.8% 以上。

表 3-4　铅芯橡胶支座及摩擦摆支座隔震率

地震波			正弦波	Taft 波	ElCentro波	Northridge 波	天津波
主梁波加速度 /(m/s^2)	非隔震	幅值	10.81	10.50	8.56	8.67	6.34
	LRB	幅值	5.42	4.67	4.6	4.92	5.96
		隔震率	49.9%	55.5%	46.3%	43.3%	6.0%
	FPB	幅值	4.98	4.24	3.91	4.35	4.95
		隔震率	53.9%	59.6%	54.3%	49.8%	21.9%
桥墩底部剪力 /kN	非隔震	幅值	7.21e6	9.98e6	8.03e6	6.47e6	9.87e6
	LRB	幅值	1.50e6	1.98e6	1.69e6	2.86e6	4.07e6
		隔震率	79.2%	80.2%	79.0%	55.8%	58.8%
	FPB	幅值	2.44e6	1.70e6	1.95e6	1.84e6	2.11e6
		隔震率	66.2%	83.0%	75.7%	71.6%	78.6%

当地震激励为 Taft 波时，非隔震桥梁、铅芯橡胶支座隔震桥梁及摩擦摆支座隔震桥梁的主梁加速度及桥墩底部剪力响应曲线如图 3-19 所示。由图 3-19 可知，隔震连续梁桥的加速度和桥墩底部剪力在地震激励作用的整个持续时间内均小于非隔震桥梁的地震响应值。

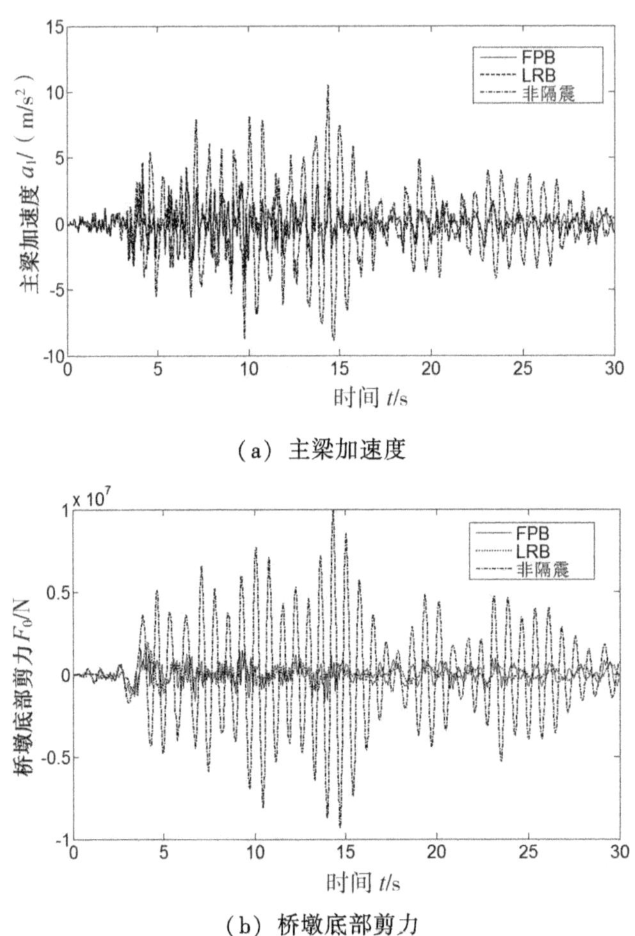

（a）主梁加速度

（b）桥墩底部剪力

图 3-19　不同支座时连续梁桥地震响应曲线

3.3.2 地震加速度幅值对隔震率的影响

选用 Taft 波、El Centro 波作为地震激励，摩擦摆支座滑道半径及摩擦因数分别为 2m、0.03，根据抗震设防烈度调整地震波加速度幅值分别为 2.2m/s²、4m/s²、6.2m/s²，研究地震波加速度幅值对摩擦摆支座隔震率的影响。

地震激励为 Taft 波且加速度幅值为 2. 2m/s²时，摩擦摆隔震桥梁和非隔震桥梁的主梁加速度和桥墩底部剪力响应曲线如图 3-20 所示。由图 3-20 可知，摩擦摆隔震桥梁与非隔震桥梁的主梁加速度幅值分别为 2. 30m/s²、5. 74m/s²，摩擦摆支座的主梁加速度隔震率为 59. 9%；桥墩底部剪力幅值分别为 2.82×10^6N、1.50×10^7N，桥墩底部剪力隔震率为 81. 2%。

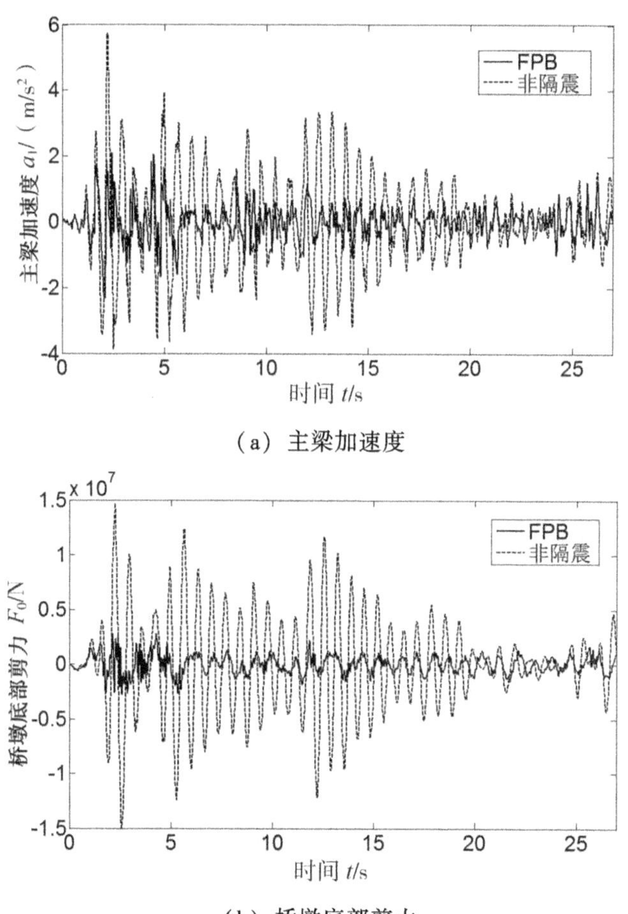

（a）主梁加速度

（b）桥墩底部剪力

图 3-20　连续梁桥地震响应曲线（Taft 波 7 度抗震设防）

地震激励为 Taft 波且加速度幅值为 4m/s²时，摩擦摆隔震桥梁和非隔震桥梁的主梁加速度和桥墩底部剪力响应曲线如图 3-21 所示。由图 3-21 可知，摩擦摆隔震桥梁与非隔震桥梁的主梁加速度幅值分别为 4. 13m/s²、10. 42m/s²，摩擦摆支座的主梁加速度隔震率为 60. 4%；桥墩底部剪力幅值

分别为 5.16×10^6N、2.72×10^7N，桥墩底部剪力隔震率为 81.0%。

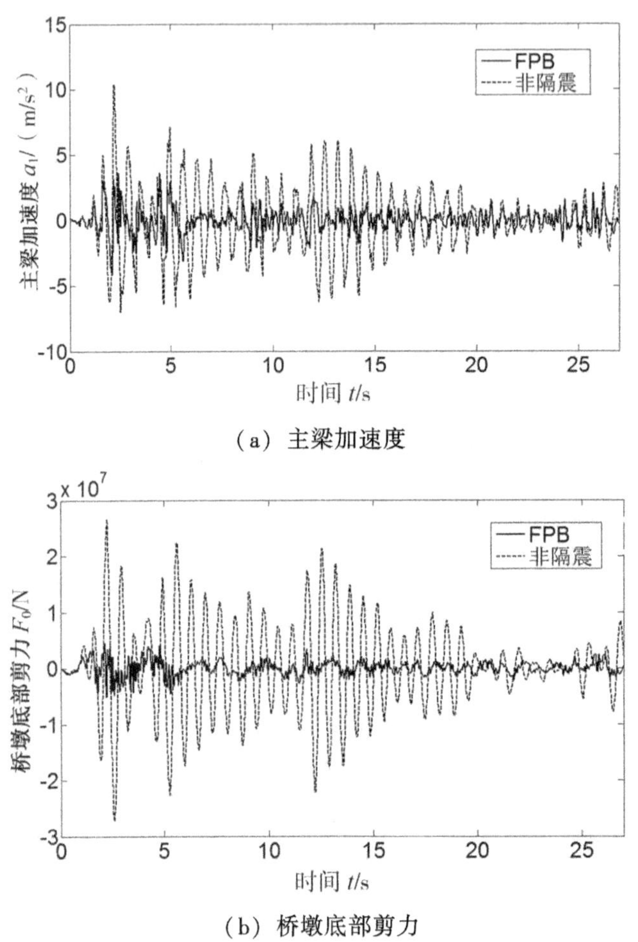

（a）主梁加速度

（b）桥墩底部剪力

图 3-21　连续梁桥地震响应曲线（Taft 波 8 度抗震设防）

地震激励为 Taft 波且加速度幅值为 6.2m/s²时，摩擦摆隔震桥梁和非隔震桥梁的主梁加速度和桥墩底部剪力响应曲线如图 3-22 所示。由图 3-22 可知，摩擦摆隔震桥梁与非隔震桥梁的主梁加速度幅值分别为 6.27m/s²、16.13m/s²，摩擦摆支座的主梁加速度隔震率为 61.1%；桥墩底部剪力幅值分别为 7.94×10^6N、4.20×10^7N，桥墩底部剪力隔震率为 81.1%。

地震激励为 El Centro 波且加速度幅值为 2.2m/s²时，摩擦摆隔震桥梁和非隔震桥梁的主梁加速度和桥墩底部剪力响应曲线如图 3-23 所示。由图 3-23可知，摩擦摆隔震桥梁与非隔震桥梁的主梁加速度幅值分别为 2.37m/s²、6.27m/s²，摩擦摆支座的主梁加速度隔震率为 62.2%；桥墩底部

剪力幅值分别为 3.36×10^6N、1.77×10^7N，桥墩底部剪力隔震率为 81.0%。

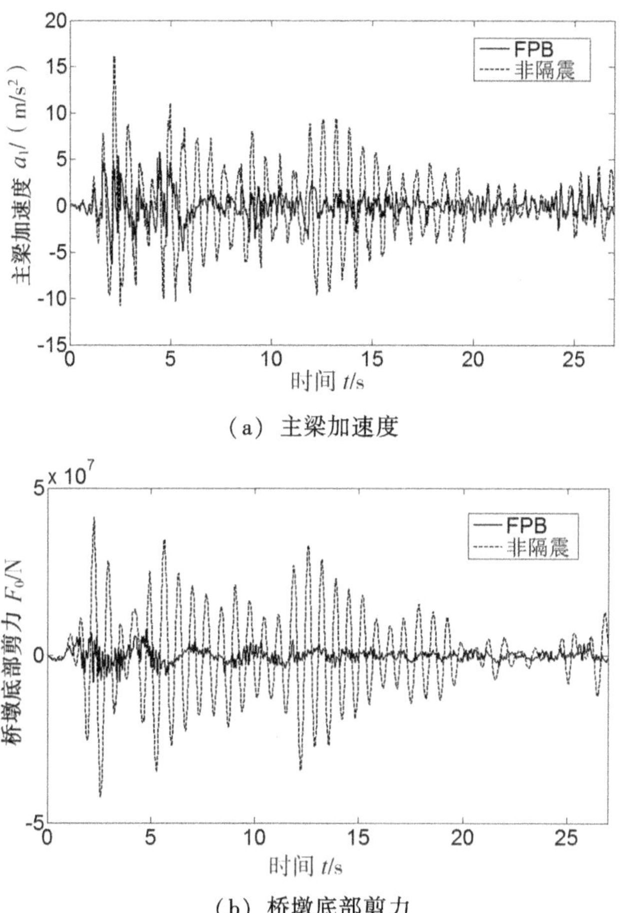

（a） 主梁加速度

（b） 桥墩底部剪力

图 3-22　连续梁桥地震响应曲线（Taft 波 9 度抗震设防）

地震激励为 El Centro 波且加速度幅值为 4m/s²时，摩擦摆隔震桥梁和非隔震桥梁的主梁加速度和桥墩底部剪力响应曲线如图 3-24 所示。由图3-24可知，摩擦摆隔震桥梁与非隔震桥梁的主梁加速度幅值分别为 4.23m/s²、11.40m/s²，摩擦摆支座的主梁加速度隔震率为 62.9%；桥墩底部剪力幅值分别为 5.06×10^6N、3.23×10^7N，桥墩底部剪力隔震率为 84.3%。

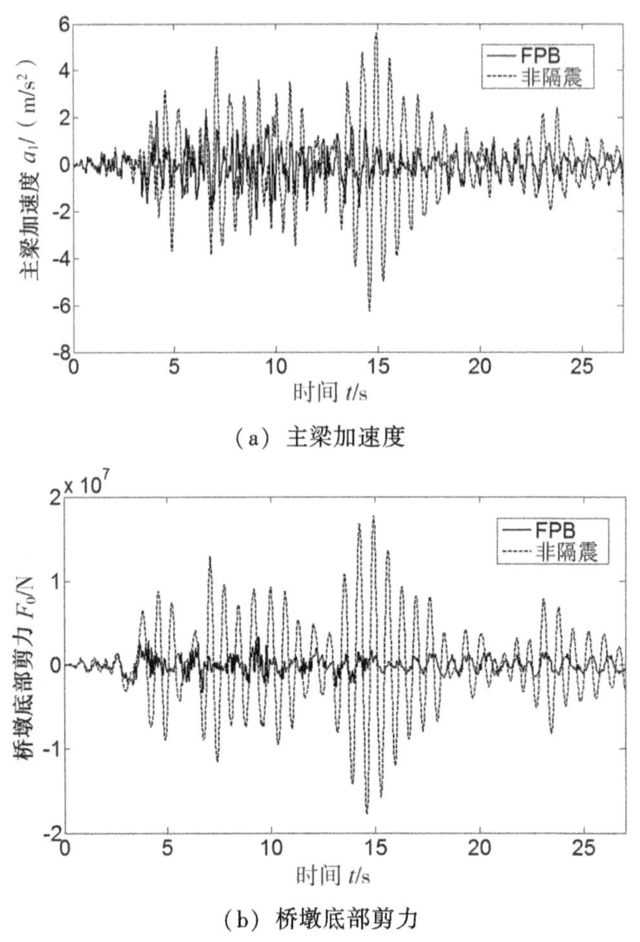

（a） 主梁加速度

（b） 桥墩底部剪力

图 3-23 连续梁桥地震响应曲线（El Centro 波 7 度抗震设防）

地震激励为 El Centro 波且加速度幅值为 6.2m/s²时，摩擦摆隔震桥梁和非隔震桥梁的主梁加速度和桥墩底部剪力响应曲线如图 3-25 所示。由图3-25 可知，摩擦摆隔震桥梁与非隔震桥梁的主梁加速度幅值分别为 6.55m/s²、17.84m/s²，摩擦摆支座的主梁加速度隔震率为 63.3%；桥墩底部剪力幅值分别为 8.65×10^6N、5.05×10^7N，桥墩底部剪力隔震率为 82.9%。综上所述，地震波加速度幅值对摩擦摆支座主梁加速度隔震率及桥墩底部剪力隔震率的影响很小，摩擦摆支座在不同抗震设防烈度区域均具有较好的隔震能力。

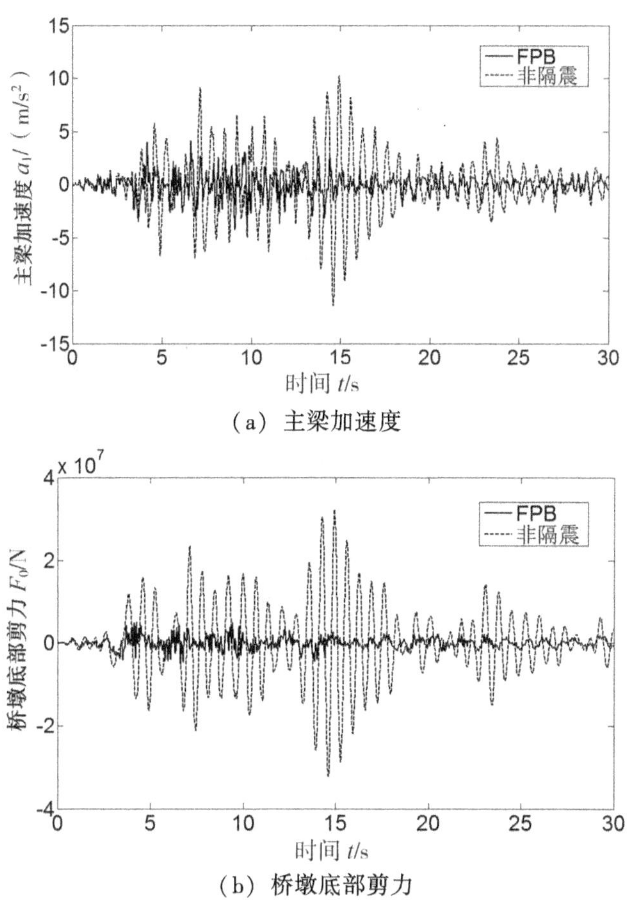

（a）主梁加速度

（b）桥墩底部剪力

图 3-24　连续梁桥地震响应曲线（El Centro 波 8 度抗震设防）

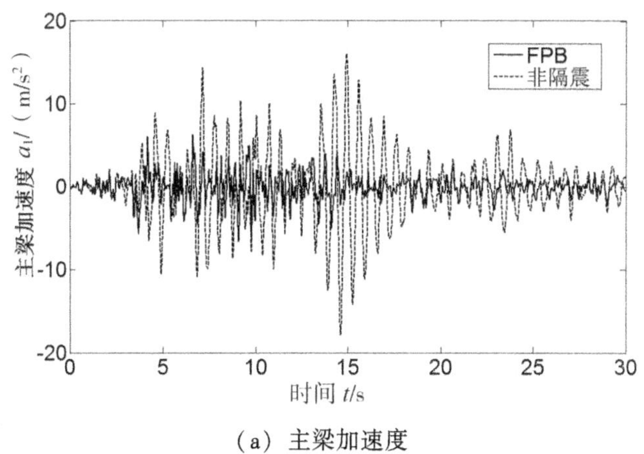

（a）主梁加速度

图 3-25　连续梁桥地震响应曲线（El Centro 波 9 度抗震设防）

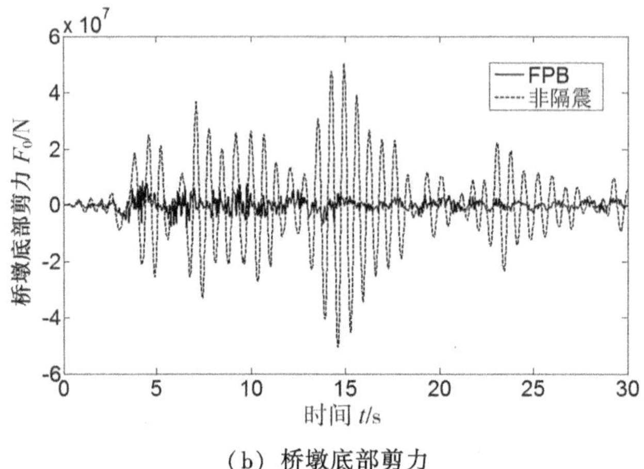

(b) 桥墩底部剪力

图 3-25　连续梁桥地震响应曲线（El Centro 波 9 度抗震设防）（续）

3.4　地震维数对隔震桥梁地震响应的影响

选择 El Centro 波作为地震激励，对两跨摩擦摆连续梁桥有限元模型进行动力学仿真分析，研究地震维数对摩擦摆连续梁桥地震响应的影响。《建筑结构抗震设计规范》（GB50011-2010）规定顺桥向、横桥向及竖桥向地震波加速度幅值比例可以按照 1∶0.85∶0.65 进行调整，El Centro 波三维加速度时程曲线如图3-26所示，按照规范要求对其三个方向的加速度幅值进行调整，其中顺桥向地震波加速度幅值调整为 $4m/s^2$。不同地震波输入维数时主梁顺桥向位移及加速度幅值、桥墩顺桥向底部剪力幅值分别见表 3-5、表 3-6、表 3-7。有限元动力学仿真共包括三个工况：

工况一：顺桥向一维（X 方向）地震波输入，摩擦摆支座滑道半径为 2m。

工况二：顺桥向、横桥向二维（XY 方向）地震波输入，摩擦摆支座滑道半径为 2m。

工况三：顺桥向、横桥向、竖桥向三维（XYZ 方向）地震波输入，摩擦摆支座滑道半径为 2m。

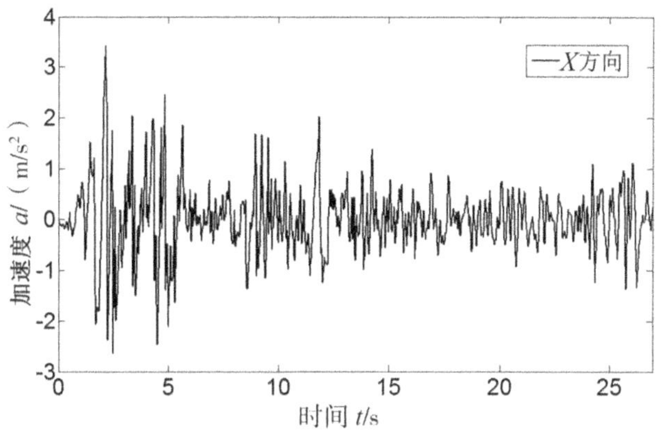

（a）X 方向加速度时程曲线

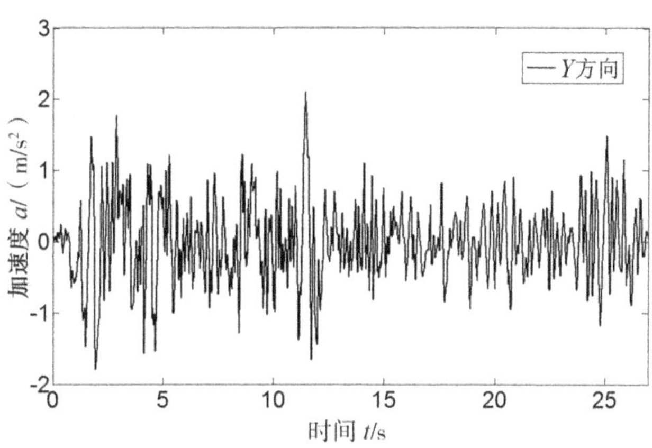

（b）Y 方向加速度时程曲线

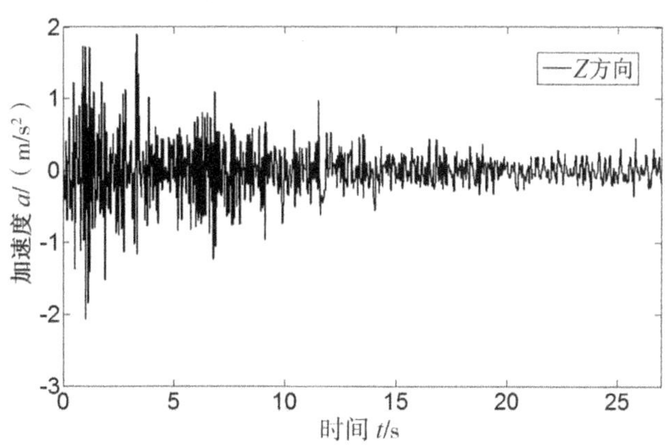

（c）Z 方向加速度时程曲线

图 3-26　El Centro 波加速度时程曲线

由表 3-5 可知，忽略横桥向地震波会造成主梁顺桥向位移响应幅值偏小，而竖桥向地震波对主梁顺桥向位移响应幅值的影响很小；只考虑顺桥向地震波得到的主梁位移幅值误差随着摩擦因数的增加而减小，当摩擦因数为 0.03 时计算误差为 27.2%，当摩擦因数为 0.12 时计算误差仅为 2.1%。由表 3-6 可知，输入地震波维数对主梁顺桥向加速度幅值的影响很小。

表 3-5 主梁位移响应幅值

摩擦因数	0.03	0.04	0.05	0.06	0.07
工况一/mm	134.9	120.3	114.3	106.8	96.3
工况二/mm	185.4	158.3	140.1	124.0	109.3
工况三/mm	184.6	159.0	140.8	124.5	110.1
摩擦因数	0.08	0.09	0.10	0.11	0.12
工况一/mm	89.2	84.6	82.8	83.7	83.6
工况二/mm	98.0	90.2	85.8	85.5	88.6
工况三/mm	99.4	91.9	87.8	87.6	90.7

表 3-6 主梁加速度响应幅值

摩擦因数	0.03	0.04	0.05	0.06	0.07
工况一/（m/s^2）	3.94	3.96	3.91	3.95	4.05
工况二/（m/s^2）	3.88	3.94	3.94	3.97	3.98
工况三/（m/s^2）	4.04	4.02	4.17	4.23	4.17
摩擦因数	0.08	0.09	0.10	0.11	0.12
工况一/（m/s^2）	4.10	4.22	4.29	4.43	4.54
工况二/（m/s^2）	3.96	4.05	4.14	4.24	4.35
工况三/（m/s^2）	4.06	4.02	4.11	4.15	4.25

由表 3-7 可知，忽略横桥向地震波会造成桥墩底部剪力幅值普遍偏大，而竖桥向地震波对桥墩底部剪力幅值的影响很小；只考虑顺桥向地震波得

到的桥墩底部剪力幅值误差随着摩擦因数的增加而增大；当摩擦因数为 0.04、0.12 时，只考虑顺桥向地震波得到的桥墩底部剪力幅值计算误差分别为 7.7%、37.6%。

表 3-7　桥墩底部剪力幅值

摩擦因数	0.03	0.04	0.05	0.06	0.07
工况一/N	1.51e6	1.68e6	1.95e6	2.09e6	2.23e6
工况二/N	1.81e6	1.57e6	1.57e6	1.63e6	1.71e6
工况三/N	1.78e6	1.56e6	1.56e6	1.63e6	1.70e6
摩擦因数	0.08	0.09	0.10	0.11	0.12
工况一/N	2.35e6	2.52e6	2.69e6	2.85e6	3.00e6
工况二/N	1.80e6	1.90e6	2.00e6	2.11e6	2.21e6
工况三/N	1.79e6	1.88e6	1.98e6	2.08e6	2.18e6

隔震桥梁在不同工况时的动力时程响应曲线及摩擦摆支座滞回曲线如图 3-27 所示，摩擦摆支座摩擦因数为 0.05。地震波加速度幅值分别为 2.2m/s^2、6.2m/s^{2}时得到的摩擦摆支座滞回曲线分别如图 3-28、图 3-29 所示。由图 3-27 可知，输入地震波维数对主梁位移、主梁加速度及桥墩底部剪力响应曲线的振动趋势影响很小，这表明输入地震波维数不会影响隔震隔震的振动特性。由图 3-27（d）、图 3-28 及图 3-29 可知，摩擦摆支座在顺桥向和横桥向具有双向耦合响应，竖向地震波对摩擦摆支座顺桥向的滞回耗能性能影响较小。

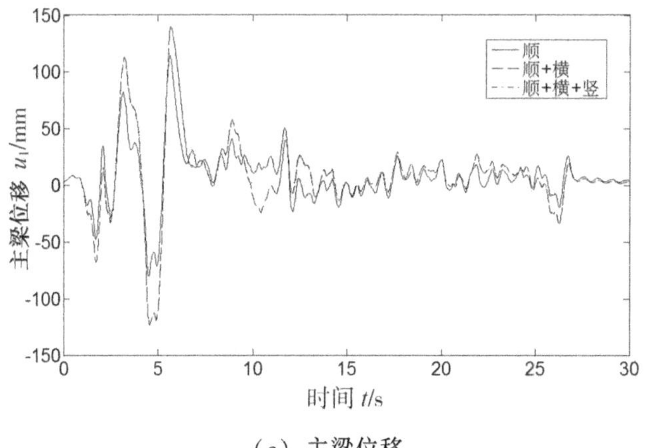

（a）主梁位移

图 3-27　不同工况对隔震桥梁动力时程响应的影响

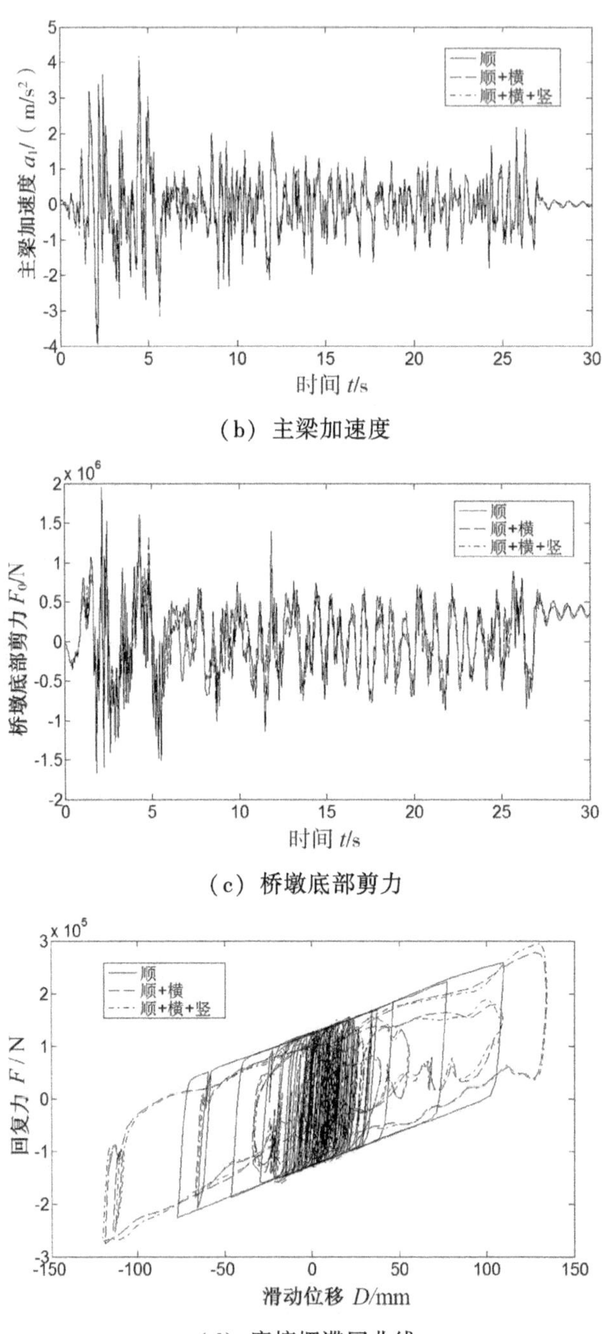

（b）主梁加速度

（c）桥墩底部剪力

（d）摩擦摆滞回曲线

图 3-27　不同工况对隔震桥梁动力时程响应的影响（续）

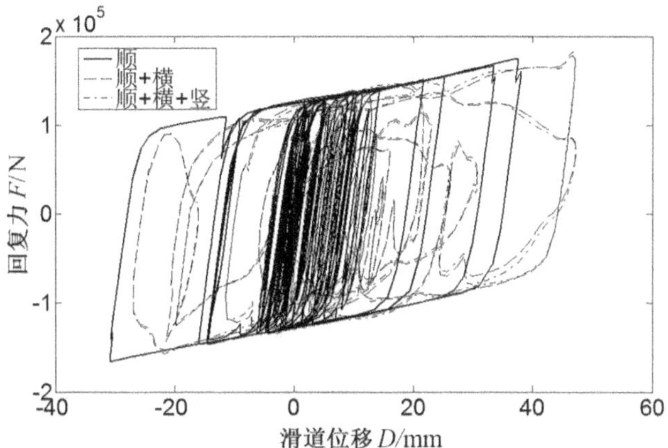

图 3-28　摩擦摆支座滞回曲线（7 度抗震设防）

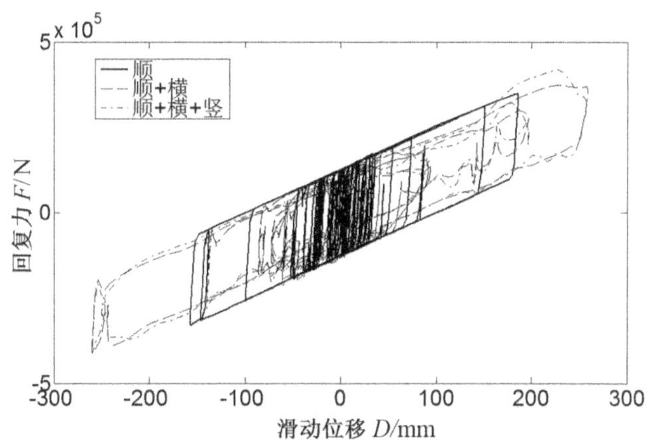

图 3-29　摩擦摆支座滞回曲线（9 度抗震设防）

3.5　摩擦摆支座滑道半径及摩擦因数优化分析

选用 Taft 波、El Centro 波、Northridge 波及天津波作为地震激励，摩擦摆支座滑道半径分别为 2m、2.2m、2.4m、2.6m、2.8m、3.0m、3.2m、3.4m、3.6m、3.8m、4.0m，摩擦因数分别为 0.03、0.04、0.05、0.06、0.07、0.08、0.09、0.10、0.11、0.12，抗震设防烈度为 8 度，建立两跨摩擦摆连续梁桥有限元模型进行地震响应分析。以控制隔震桥梁主梁位移幅值、主梁加速度幅值及桥墩底部剪力幅值为目标，对摩擦摆支座滑道半径及摩擦因数进行优化分析。

3.5.1 主梁位移幅值优化

当地震激励为 Taft 波时，理论方法计算得到的主梁位移幅值如图3-30所示。有限元仿真得到的不同地震激励作用时摩擦摆连续梁桥主梁位移幅值如图 3-31 所示。由图 3-30、图 3-31(a)可知，有限元仿真与理论分析得到的主梁位移幅值随摩擦因数及滑道半径的变化趋势基本一致;当摩擦因数为 0.03 时主梁位移幅值随着滑道半径的增加而减小,达到谷底后随着滑道半径的增加而增大;当摩擦因数为 0.11 时主梁位移幅值随着滑道半径的增加而增大。由图 3-31(a)可知,当地震激励为 Taft 波时最优滑动半径为 2m,最优摩擦因数为 0.12;由图 3-31(b)可知,当地震激励为 El Centro 波时最优滑动半径为 2m，最优摩擦因数为 0.12；由图 3-31(c)可知，当地震激励为 Northridge 波时最优滑动半径为 2m，最优摩擦因数为 0.12；由图 3-31(d)可知，当地震激励为天津波时最优滑动半径为 4m，最优摩擦因数为 0.12。

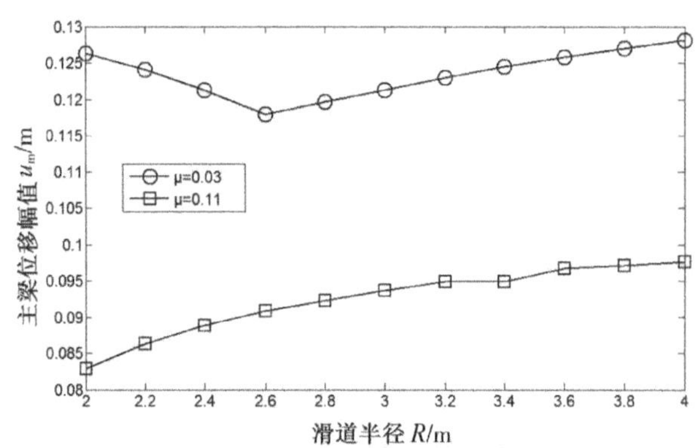

图 3-30 理论分析主梁位移幅值

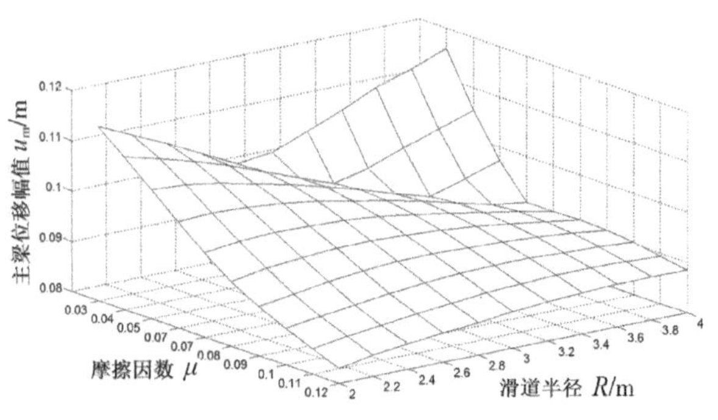

(a) Taft 波

图 3-31 滑道半径及摩擦因数对主梁位移幅值的影响

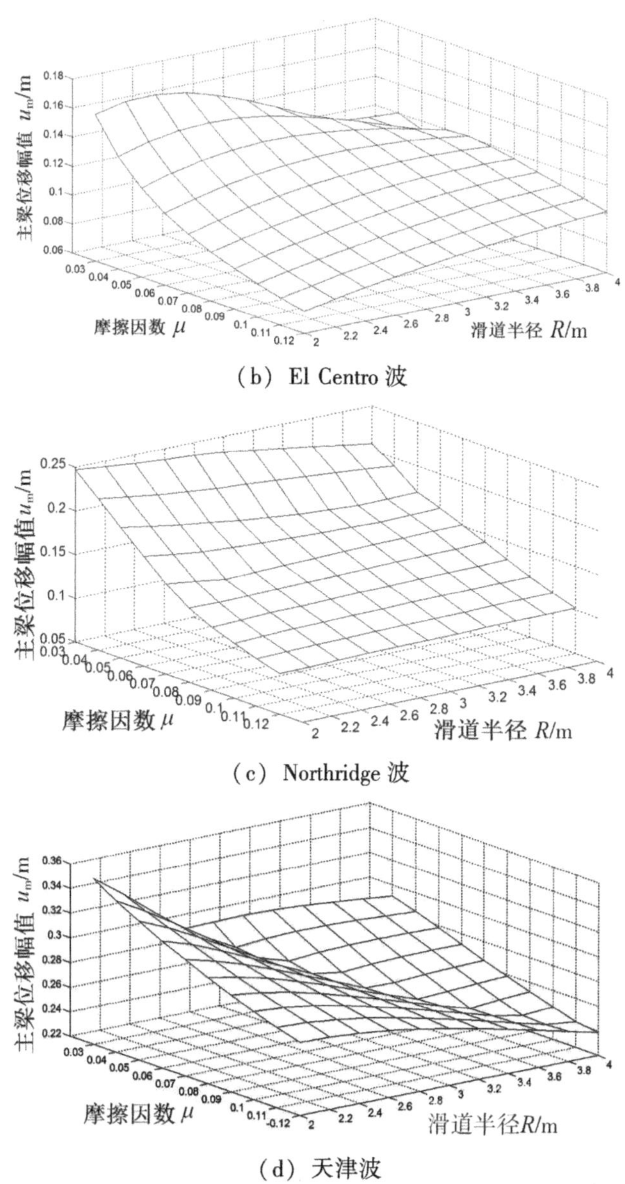

（b） El Centro 波

（c） Northridge 波

（d） 天津波

图 3-31　滑道半径及摩擦因数对主梁位移幅值的影响（续）

3.5.2 主梁加速度幅值优化

当地震激励为 Taft 波时，理论方法计算得到的主梁加速度幅值如图 3-32所示。有限元仿真得到的不同地震激励作用时摩擦摆连续梁桥主梁加速度响应幅值如图 3-33 所示。由图 3-32、图 3-33（a）可知，当摩擦因数为 0.03、0.11 时，有限元仿真与理论分析得到的主梁加速度幅值均随着滑道半径的增加而减小。由图 3-33（a）可知，输入波为 Taft 波时最优滑动半径为 4m，最优摩擦因数为 0.03；由图 3-33（b）可知，输入波为 El Centro 波时最优滑动半径为 4m，最优摩擦因数为 0.03；由图 3-33（c）可知，输入波为 Northridge 波时最优滑动半径为 4m，最优摩擦因数为 0.06；由图 3-33（d）可知，输入波为天津波时最优滑动半径为 4m，最优摩擦因数为 0.12。

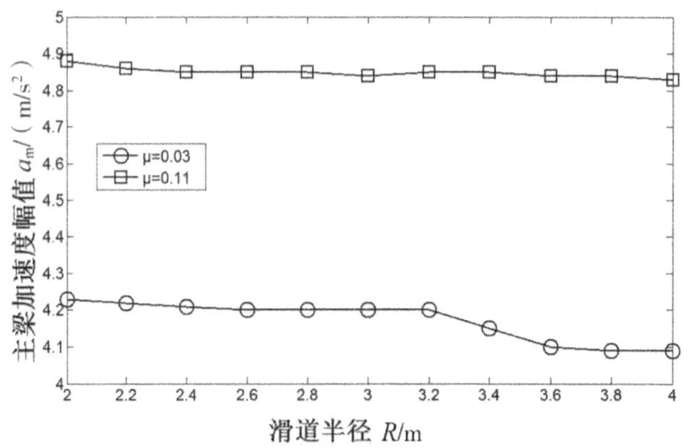

图 3-32　理论分析主梁加速度幅值

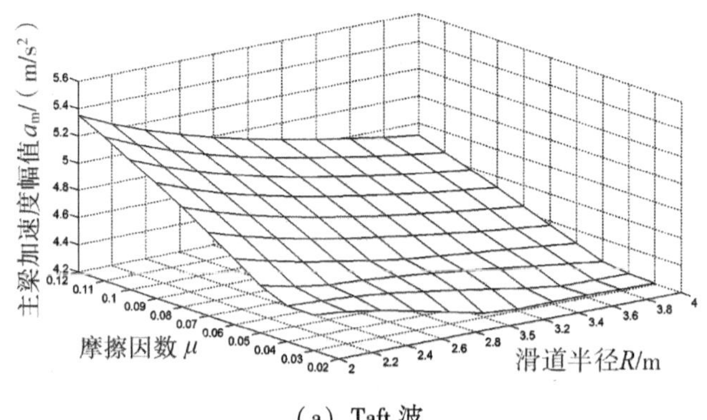

（a）Taft 波

图 3-33　滑道半径及摩擦因数对主梁加速度幅值的影响

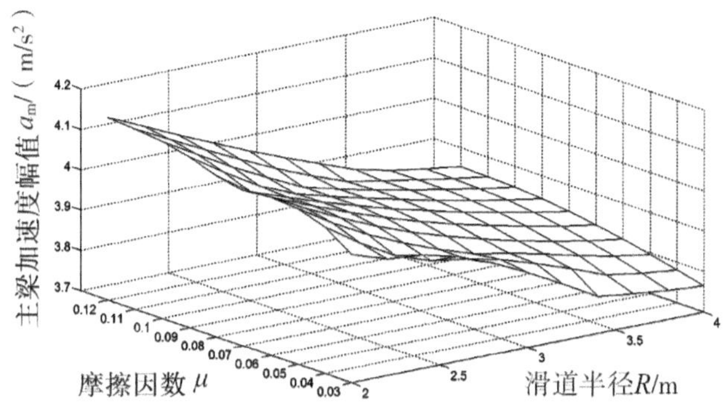

（b） El Centro 波

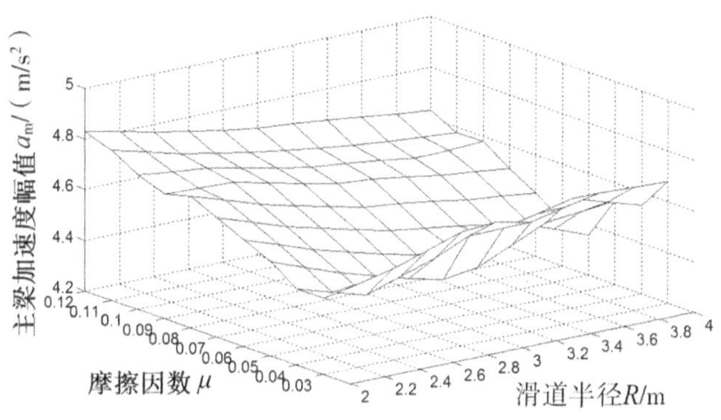

（c） Northridge 波

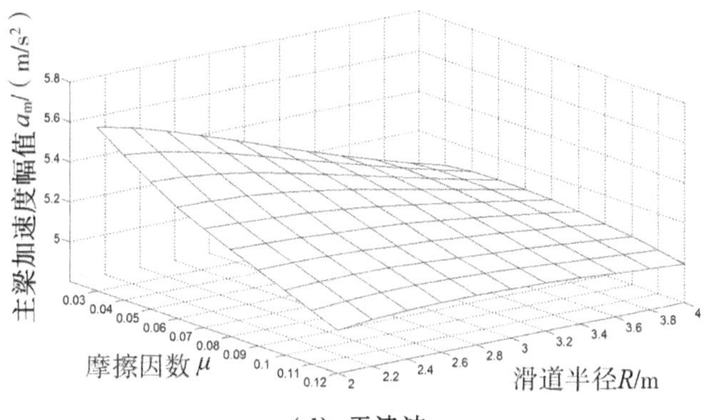

（d） 天津波

图 3-33　滑道半径及摩擦因数对主梁加速度幅值的影响（续）

3.5.3 桥墩底部剪力幅值优化

有限元仿真得到的不同地震激励作用时摩擦摆连续梁桥桥墩底部剪力幅值如图 3-34 所示。由图 3-34(a)可知，输入波为 Taft 波时最优滑动半径为 3.6m，最优摩擦因数为 0.03；由图 3-34(b)可知，输入波为 El Centro 波时最优滑动半径为 2m，最优摩擦因数为 0.03；由图 3-34(c)可知，输入波为 Northridge 波时最优滑动半径为 4m，最优摩擦因数为 0.03；由图 3-34(d)可知，输入波为天津波时最优滑动半径为 2m，最优摩擦因数为 0.03。

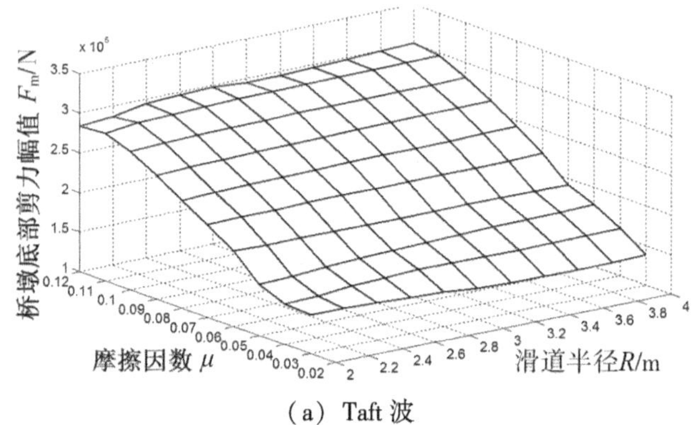

(a) Taft 波

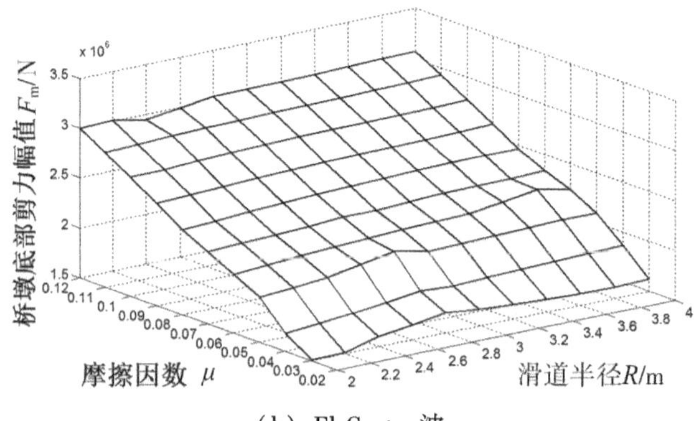

(b) El Centro 波

图 3-34　滑道半径及摩擦因数对桥墩底部剪力幅值的影响

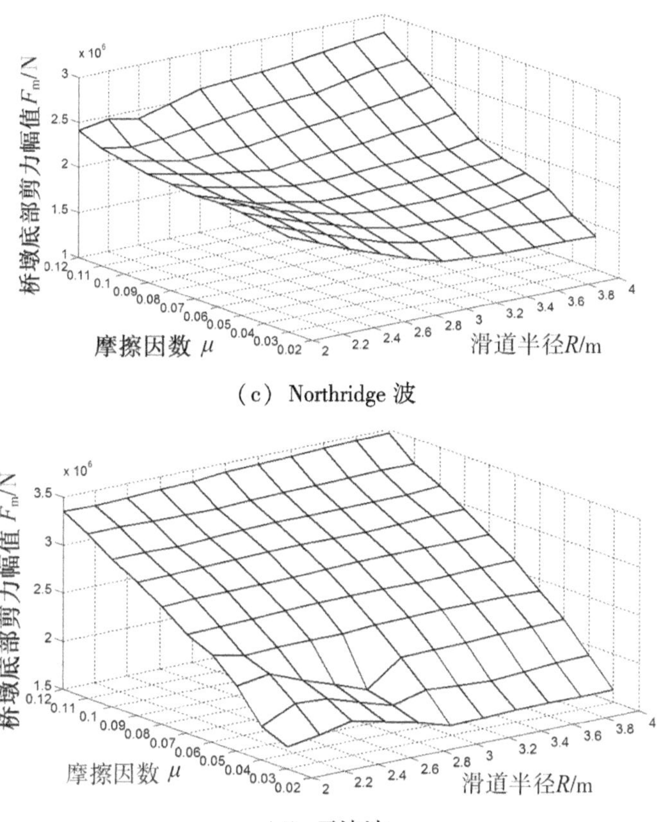

(c) Northridge 波

(d) 天津波

图 3-34　滑道半径及摩擦因数对桥墩底部剪力幅值的影响（续）

3.5.4 优化结果分析

分别以主梁位移幅值、主梁加速度幅值及桥墩底部剪力幅值为控制目标参数，得到了不同地震激励作用时摩擦摆支座摩擦因数及滑道半径的最优值见表 3-8。由表 3-8 可知：

(1) 地震激励对摩擦摆支座滑道半径及摩擦因数最优值的影响很大，因此需要对不同的抗震设防区域进行滑道半径及摩擦因数的优化设计。

(2) 主梁位移幅值随着摩擦因数的增加而减小，桥墩底部剪力幅值随着摩擦因数的增加而增大。

(3) 无法得到最优的摩擦摆支座滑道半径及摩擦因数值，使主梁位移幅值、主梁加速度幅值及桥墩底部剪力幅值同时达到最小，因此多目标参数优化方法仍然存在不足和需要进一步解决的问题。

表 3-8　不同地震激励时摩擦因数及滑道半径最优值

控制目标参数		Taft 波	El Centro 波	Northridge 波	天津波
位移幅值	摩擦因数	0. 12	0. 12	0. 12	0. 12
	滑道半径/m	2	2	2	4
加速度幅值	摩擦因数	0. 03	0. 03	0. 06	0. 12
	滑道半径/m	4	4	4	4
墩底剪力幅值	摩擦因数	0. 03	0. 03	0. 03	0. 03
	滑道半径/m	3. 6	2	4	2

3. 6　本章小结

本章研究了桥墩支承、滑动位移及聚四氟乙烯板厚度对摩擦摆支座应力及变形分布的影响，结果表明桥墩支承对摩擦摆支座应力及变形分布有较大影响，滑动位移大小对摩擦摆支座的应力分布及应力幅值的影响较小，摩擦摆结构强度最弱的构件为上聚四氟乙烯板，可通过增加厚度来提高其安全系数。对摩擦摆支座在不同地震激励和抗震设防烈度时的隔震率进行了研究，结果表明摩擦摆支座在不同工况时的加速度隔震率可以达到 60% 以上，桥墩底部剪力隔震率可以达到 80% 以上。同时研究了地震波维数对摩擦摆连续梁桥顺桥向地震响应的影响，结果表明当摩擦系数较小时横向输入波对主梁位移幅值影响较大，当摩擦系数较大时横向输入波对桥墩底部剪力幅值影响较大，横向输入波对主梁加速度幅值影响较小，而竖向地震波对隔震桥梁顺桥向地震响应幅值影响均很小。以多目标优化方法对摩擦摆支座滑道半径及摩擦因数进行了参数优化，结果表明在不同地震波作用时动力响应幅值随滑道半径及摩擦因数的变化趋势不同，无法得到最优的摩擦摆支座参数使主梁位移幅值、主梁加速度幅值及桥墩底部剪力幅值同时达到最小值。因此下章将对隔震桥梁系统的能量响应进行研究，能量响应能够反映地震波对整个结构的累积破坏效应，可以为摩擦摆支座的参数优化提供一种新的解决方法。

第4章

摩擦摆连续梁桥能量响应研究

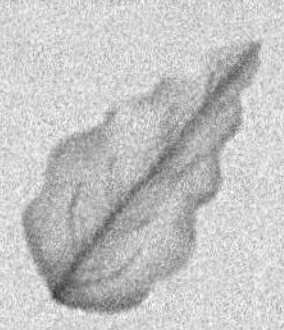

前面研究结果表明，依靠多目标优化方法无法得到最优的摩擦摆支座参数使主梁位移幅值、主梁加速度幅值及桥墩底部剪力幅值同时达到最小值。隔震桥梁在地震波作用下，结构整体连续不断地承受地面向上部结构传递的地震输入能，一部分能量转化为结构的动能和势能，另一部分能量被隔震装置和自身通过阻尼效应消耗[130-132]。通过能量法来研究隔震桥梁系统的地震响应，能够综合反映出地震波加速度幅值、频谱特性、持续时长对摩擦摆连续梁桥的累积破坏效应，从而弥补多目标优化方法存在的不足[133]。江辉研究了以能量为基础的桥梁结构抗震评估方法和基于性能目标的抗震设计方法，但研究对象为非隔震桥梁[134]。杨风利研究了地震动特性和桥梁结构参数对隔震桥梁地震总输入能的影响，但采用的隔震装置为铅芯橡胶支座[103]。Lee设计了应用于公路桥梁的新型隔震支座，该支座通过内置的滑动摩擦装置消耗能量，并对新型支座的抗震

性能进行了研究[135]。

以控制摩擦摆连续梁桥结构响应能量幅值为目标，同时以摩擦摆支座耗能比为限制条件对摩擦摆支座滑道半径和摩擦因数进行优化分析。建立摩擦摆连续梁桥能量平衡方程，利用中点加速度法和 MATLAB 编程求解隔震桥梁能量响应时程曲线，并将理论计算与有限元仿真得到的摩擦摆连续梁桥的能量响应曲线进行对比分析。通过隔震桥梁与非隔震桥梁结构能量响应曲线的计算分析，研究隔震装置对地震波输入能量以及能量分配的影响，并对不同地震激励和抗震设防烈度时摩擦摆支座滑道半径及摩擦因数最优值范围进行了研究。

4.1 摩擦摆连续梁桥能量响应

根据前面研究中得到的摩擦摆连续梁桥双自由度力学模型，建立隔震桥梁的能量平衡方程，并采用中心加速度法推导出能量响应曲线的计算公式，最后利用 MATLAB 编程进行能量响应时程曲线的求解[136]，对摩擦连续梁桥的能量响应进行研究。

4.1.1 双自由度系统能量平衡方程

摩擦摆连续梁桥可以简化为双自由度力学模型进行动力学分析，双自由度隔震桥梁的动力学平衡方程为：

$$\begin{bmatrix} m_1 & 0 \\ 0 & m_2 \end{bmatrix}\begin{bmatrix} \ddot{u}_1 \\ \ddot{u}_2 \end{bmatrix} + \begin{bmatrix} c_1 & -c_1 \\ -c_1 & c_1+c_2 \end{bmatrix}\begin{bmatrix} \dot{u}_1 \\ \dot{u}_2 \end{bmatrix} + \begin{bmatrix} k_1 & -k_1 \\ -k_1 & k_1+k_2 \end{bmatrix}\begin{bmatrix} u_1 \\ u_2 \end{bmatrix} = -\begin{bmatrix} m_1 & 0 \\ 0 & m_2 \end{bmatrix}\begin{bmatrix} 1 \\ 1 \end{bmatrix}\ddot{u}_g \tag{4-1}$$

将式（4-1）两端分别对相对位移进行积分[137]，得到双自由度隔震桥梁的能量平衡方程为：

$$\begin{aligned} &\int_0^t \begin{bmatrix} \dot{u}_1(t) \\ \dot{u}_2(t) \end{bmatrix}^{\mathrm{T}} \begin{bmatrix} m_1 & 0 \\ 0 & m_2 \end{bmatrix}\begin{bmatrix} \ddot{u}_1(t) \\ \ddot{u}_2(t) \end{bmatrix}\mathrm{d}t + \\ &\int_0^t \begin{bmatrix} \dot{u}_1(t) \\ \dot{u}_2(t) \end{bmatrix}^{\mathrm{T}} \begin{bmatrix} c_1 & -c_1 \\ -c_1 & c_1+c_2 \end{bmatrix}\begin{bmatrix} \dot{u}_1(t) \\ \dot{u}_2(t) \end{bmatrix}\mathrm{d}t \\ &+\int_0^t \begin{bmatrix} \dot{u}_1(t) \\ \dot{u}_2(t) \end{bmatrix}^{\mathrm{T}} \begin{bmatrix} k_1 & -k_1 \\ -k_1 & k_1+k_2 \end{bmatrix}\begin{bmatrix} u_1(t) \\ u_2(t) \end{bmatrix}\mathrm{d}t \\ &= -\int_0^t \begin{bmatrix} \dot{u}_1(t) \\ \dot{u}_2(t) \end{bmatrix}^{\mathrm{T}} \begin{bmatrix} m_1 & 0 \\ 0 & m_2 \end{bmatrix}\begin{bmatrix} 1 \\ 1 \end{bmatrix}\ddot{u}_g(t)\,\mathrm{d}t \end{aligned} \tag{4-2}$$

隔震桥梁系统在任意时刻均满足能量平衡方程，因此式（4-2）可以简化为[102]：

$$E_k(t)+E_d(t)+E_f(t)+E_p(t)=E_o(t) \tag{4-3}$$

式中：E_k ——系统动能；

E_d ——系统自身阻尼耗能；

E_f ——摩擦摆支座摩擦耗能；

E_p ——系统势能；

E_o ——地震输入能。

系统动能为：

$$\begin{aligned}E_k(t)&=\int_0^t\begin{bmatrix}\dot{u}_1(t)\\ \dot{u}_2(t)\end{bmatrix}^{\mathrm{T}}\begin{bmatrix}m_1 & 0\\ 0 & m_2\end{bmatrix}\begin{bmatrix}\ddot{u}_1(t)\\ \ddot{u}_2(t)\end{bmatrix}\mathrm{d}t\\&=\int_0^t[m_1\dot{u}_1(t)\ddot{u}_1(t)+m_2\dot{u}_2(t)\ddot{u}_2(t)]\mathrm{d}t\end{aligned} \tag{4-4}$$

系统自身阻尼耗能及摩擦摆支座摩擦耗能为：

$$\begin{aligned}E_d(t)+E_f(t)&=\int_0^t\begin{bmatrix}\dot{u}_1(t)\\ \dot{u}_2(t)\end{bmatrix}^{\mathrm{T}}\begin{bmatrix}c_1 & -c_1\\ -c_1 & c_1+c_2\end{bmatrix}\begin{bmatrix}\dot{u}_1(t)\\ \dot{u}_2(t)\end{bmatrix}\mathrm{d}t\\&=\int_0^t[c_1\dot{u}_1(t)\dot{u}_1(t)-2c_1\dot{u}_1(t)\dot{u}_2(t)+c_1\dot{u}_2(t)\dot{u}_2(t)+c_2\dot{u}_2(t)\dot{u}_2(t)]\mathrm{d}t\end{aligned} \tag{4-5}$$

在式（4-5）中，系统自身阻尼耗能为：

$$E_d(t)=\int_0^t c_2\dot{u}_2(t)\dot{u}_2(t)\mathrm{d}t \tag{4-6}$$

系统势能为：

$$\begin{aligned}E_p(t)&=\int_0^t\begin{bmatrix}\dot{u}_1(t)\\ \dot{u}_2(t)\end{bmatrix}^{\mathrm{T}}\begin{bmatrix}k_1 & -k_1\\ -k_1 & k_1+k_2\end{bmatrix}\begin{bmatrix}u_1(t)\\ u_2(t)\end{bmatrix}\mathrm{d}t\\&=\int_0^t[k_1\dot{u}_1(t)u_1(t)-2k_1\dot{u}_1(t)u_2(t)+k_1\dot{u}_2(t)u_2(t)+k_2\dot{u}_2(t)u_2(t)]\mathrm{d}t\end{aligned} \tag{4-7}$$

地震输入能为：

$$E_{o}(t) = -\int_{0}^{t}\begin{bmatrix}\dot{u}_1(t)\\\dot{u}_2(t)\end{bmatrix}^{\mathrm{T}}\begin{bmatrix}m_1 & 0\\0 & m_2\end{bmatrix}\begin{bmatrix}1\\1\end{bmatrix}\ddot{u}_g(t)\,\mathrm{d}t$$
$$= -\int_{0}^{t}[m_1\dot{u}_1(t)\ddot{u}_g(t) + m_2\dot{u}_2(t)\ddot{u}_g(t)]\,\mathrm{d}t \tag{4-8}$$

采用中点加速度法求解摩擦摆连续梁桥的能量响应时程曲线。首先分别求出单位时间步长内系统各能量项的增量值，为了便于对每个时间步长内的能量响应进行积分计算，在单位时间步长内坐标系按照图 4-1 所示进行坐标系偏移。然后将每个时间步长内各能量项的能量响应值进行叠加，最后得到隔震桥梁各能量项的能量响应时程曲线。中心加速度法的基本假定为在时间（ t_i ，$t_i+\Delta t$ ）内：

（1）地震加速度 $\ddot{u}_g(t)$ 、结构响应速度 $\dot{u}(t)$ 随时间 t 线性变化。

（2）结构响应加速度 $\ddot{u}(t)$ 为常数，取单位时间步内响应加速度的平均值。

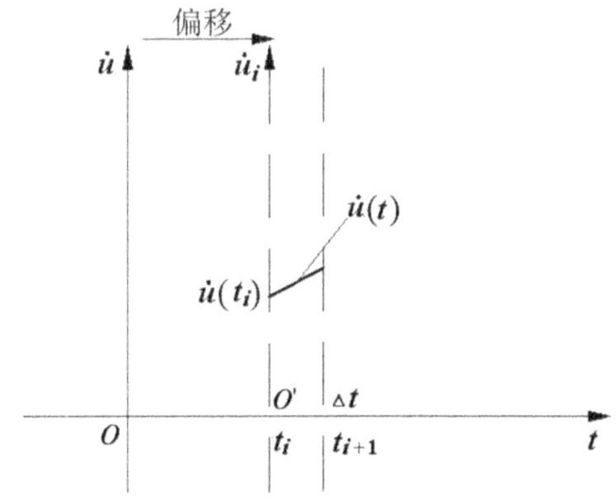

图 4-1　坐标系偏移

根据中心加速度法的基本假设，可以得到单位时间步内结构的速度及加速度响应函数、地震波加速度函数分别如式（4-9）、式（4-10）、式（4-11）所示：

$$\dot{u}(t) = \dot{u}(t_i) + \frac{\ddot{u}(t_i) + \ddot{u}(t_{i+1})}{2}t \tag{4-9}$$

$$\ddot{u}(t) = \frac{\ddot{u}(t_i) + \ddot{u}(t_{i+1})}{2} \tag{4-10}$$

$$\ddot{u}_g(t) = \ddot{u}_g(t_i) + \frac{\ddot{u}_g(t_{i+1}) - \ddot{u}_g(t_i)}{\Delta t}t \tag{4-11}$$

式中：Δt ——时间步长。

4.1.2 能量响应时程曲线求解

首先推导出摩擦摆连续梁桥在单位时间步长内各能量项增量值的计算公式，然后利用 MATLAB 编程求解出所有载荷步内各能量项的增量值，最后将所有增量值叠加求和得到摩擦摆连续梁桥各能量项的时程响应曲线。根据 4.1.1 节中各能量项的表达式及中心加速度法基本假设，可以得到单位步长内地震输入能的增量值为：

$$\begin{aligned}
\Delta E_o(n) &= \sum_{j=1}^{2}\int_{t}^{t_{i+1}} m_j\dot{u}_j(t)\,\ddot{u}_g(t)\,\mathrm{d}t \\
&= \sum_{j=1}^{2}\int_{0}^{\Delta t} m_j \times \left[\dot{u}_j(t) + \frac{\ddot{u}_j(t_{i+1}) + \ddot{u}_j(t_i)}{2}t\right] \\
&\quad \times \left[\ddot{u}_g(t_i) + \frac{\ddot{u}_g(t_{i+1}) + \ddot{u}_g(t_i)}{\Delta t}t\right]\mathrm{d}t \\
&= \sum_{j=1}^{2}\Bigg\{- m_j\dot{u}_j(t_i)\,\ddot{u}_g(t_i)\,\Delta t - \frac{m_j}{2}[\dot{u}_j(t_i)\,(\ddot{u}_g(t_{i+1}) - \ddot{u}_g(t_i))]\,\Delta t \\
&\quad - \frac{m_j}{4}[\ddot{u}_j(t_i)\,(\ddot{u}_j(t_i) - \ddot{u}_j(t_{i+1}))]\,\Delta t^2 \\
&\quad - \frac{m_j}{6}[\ddot{u}_g(t_{i+1}) - \ddot{u}_g(t_i)\,(\ddot{u}_j(t_i) - \ddot{u}_j(t_{i+1}))]\,\Delta t^2\Bigg\}
\end{aligned} \tag{4-12}$$

将每个步长内的地震输入能增量值进行叠加求和，可以得到在任意时刻隔震桥梁系统的地震输入能为：

$$E_o(t) = \sum_{1}^{n=\frac{t}{\Delta t}}\Delta E_o(n) \tag{4-13}$$

同理可以得到隔震桥梁系统在任意时刻的自身阻尼耗能、摩擦摆摩擦耗能、系统动能如式（4-15）、式（4-17）所示：

$$\Delta E_{\mathrm{d}}(n)+\Delta E_{\mathrm{f}}(n)=c_1\{\dot{u}_1^2(t_i)\Delta t+\dot{u}_1(t_i)(\ddot{u}_1(t_i)+\ddot{u}_1(t_{i+1}))\frac{\Delta t^2}{2}$$

$$+\frac{(\ddot{u}_1(t_i)+\ddot{u}_1(t_{i+1}))^2}{12}\Delta t^3\}+(c_1+c_2)\{\dot{u}_2^2(t_i)\Delta t$$

$$+\dot{u}_2(t_i)(\ddot{u}_2(t_i)+\ddot{u}_2(t_{i+1}))\frac{\Delta t^2}{2}+\frac{(\ddot{u}_2(t_i)+\ddot{u}_2(t_{i+1}))^2}{12}\Delta t^3\}$$

$$-2c_1\dot{u}_1(t_i)\dot{u}_2(t_i)\Delta t-c_1\dot{u}_1(t_i)\frac{(\ddot{u}_2(t_i)+\ddot{u}_2(t_{i+1}))^2}{2}\Delta t^2$$

$$-c_1\dot{u}_2(t_i)\frac{(\ddot{u}_1(t_i)+\ddot{u}_1(t_{i+1}))^2}{2}\Delta t^2$$

$$-c_1\frac{(\ddot{u}_1(t_i)+\ddot{u}_1(t_{i+1}))(\ddot{u}_2(t_i)+\ddot{u}_2(t_{i+1}))}{6}\Delta t^3 \tag{4-14}$$

$$E_{\mathrm{d}}(t)+E_{\mathrm{f}}(t)=\sum_{1}^{\frac{t}{\Delta t}}[\Delta E_d(n)+\Delta E_{\mathrm{f}}(n)] \tag{4-15}$$

$$\Delta E_{\mathrm{k}}(t)=\sum_{j=1}^{2}\int_0^{\Delta t}m_j\times\left[\dot{u}_j(t_i)+\frac{\ddot{u}_j(t_{i+1})+\ddot{u}_j(t_i)}{2}t\right]\times\frac{\ddot{u}_j(t_{i+1})+\ddot{u}_j(t_i)}{2}\mathrm{d}t$$

$$=\sum_{j=1}^{2}\left\{m_j\dot{u}_j(t_i)\frac{\ddot{u}_j(t_{i+1})+\ddot{u}_j(t_i)}{2}\Delta t+m_j\frac{[\ddot{u}_j(t_{i+1})+\ddot{u}_j(t_i)]^2}{8}\Delta t^2\right\} \tag{4-16}$$

$$E_{\mathrm{k}}(t)=\sum_{1}^{n=\frac{t}{\Delta t}}\Delta E_{\mathrm{k}}(t) \tag{4-17}$$

根据动能及势能的基本概念，可将隔震桥梁系统动能及系统势能在任意时刻的计算式分别简化为：

$$E_{\mathrm{k}}(t)=\frac{1}{2}m_1\dot{u}_1^2(t)+\frac{1}{2}m_2\dot{u}_2^2(t) \tag{4-18}$$

$$E_{\mathrm{p}}(t)=\frac{1}{2}k_1\,[u_1(t)-u_2(t)]^2+\frac{1}{2}k_1u_2^2(t) \tag{4-19}$$

4.2　隔震桥梁能量响应有限元分析

4.2.1 有限元模型

以 2.2.2 节中高速铁路桥梁算例为研究对象，建立双主梁、双桥墩结构型式的摩擦摆连续梁桥有限元模型如图 4-2 所示。传统非线性动力学求解方法需要在每个时间步内重新计算并生成系统的刚度矩阵，并在单位时间步长内通过不断的迭代计算满足系统平衡方程的需要，导致计算过程需要消耗大量的时间。因此采用 SAP2000 中的快速非线性分析法求解摩擦摆连续梁桥的能量响应曲线，其计算速度较传统计算方法往往可以快上几个数量级。

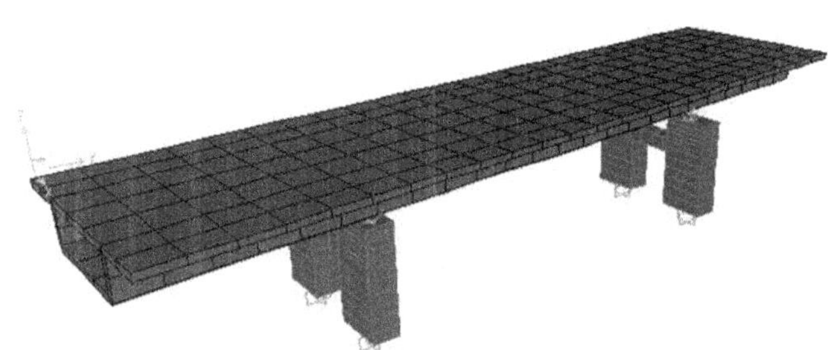

图 4-2　摩擦摆连续梁桥有限元模型

4.2.2 主梁跨数对能量响应的影响

采用有限元仿真方法进行隔震桥梁能量响应分析时，需要保证有限元模型在地震响应过程中保持稳定的结构状态，因此摩擦摆连续梁桥有限元模型需要是两跨以上的结构，而摩擦摆连续梁桥能量响应理论分析中采用的是单墩模型，为了保证理论分析与有限元仿真能量响应结果对比的准确性，需要分析主梁跨数对隔震桥梁能量响应的影响。选用 El Centro 波作为地震激励，抗震设防烈度为 8 度，摩擦摆支座滑道半径及摩擦因数分别为 2m、0.05，研究得到主梁跨数分别为 2 跨、3 跨、4 跨、5 跨、6 跨时摩擦摆连续梁桥各能量项响应幅值见表 4-1。由表 4-1 可知，摩擦摆连续梁桥各能量项地震响应幅值与主梁跨数近似呈正比例关系，因此可以通过单墩理论模型与 2 跨有限元模型仿真结果对比分析研究隔震桥梁能量响应理论方法的计算精度。

表 4-1　不同主梁跨数时隔震桥梁各能量项响应幅值

能量/（N·m）	2 跨	3 跨	4 跨	5 跨	6 跨
地震输入能	650800	972400	1299300	1623300	1948100
摩擦耗能	577100	861918	1153788	1442791	1731813
结构阻尼耗能	70390	105405	139226	173164	207074
动能	86960	129100	172700	216100	259300
势能	31080	45900	61500	76900	92000

4.2.3 隔震桥梁能量响应曲线分析

选用 El Centro 波、Taft 波作为地震激励，对不同工况时理论方法和有限元仿真得到的摩擦摆连续梁桥能量响应时程曲线进行研究，四种计算工况分别为：

工况一：摩擦摆支座滑道半径及摩擦因数为 2m、0.05，抗震设防烈度为 8 度。

工况二：摩擦摆支座滑道半径及摩擦因数为 2m、0.1，抗震设防烈度为 8 度。

工况三：摩擦摆支座滑道半径及摩擦因数为 2m、0.05，抗震设防烈度为 9 度。

工况四：摩擦摆支座滑道半径及摩擦因数为 2m、0.1，抗震设防烈度为 9 度。

El Centro 波作为地震激励时，四种工况得到的摩擦摆连续梁桥能量响应时程曲线分别如图 4-3 至图 4-6 所示。Taft 波作为地震激励时，四种工况得到的摩擦摆连续梁桥能量响应时程曲线分别如图 4-7 至图 4-10 所示。由不同工况时理论方法和有限元仿真得到能量响应时程曲线可知：

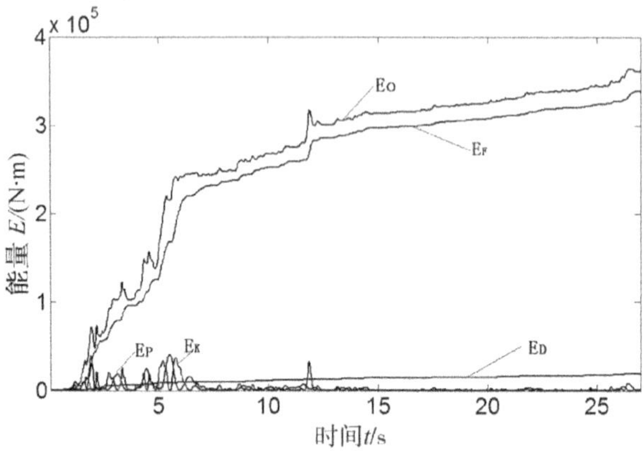

（a）理论分析

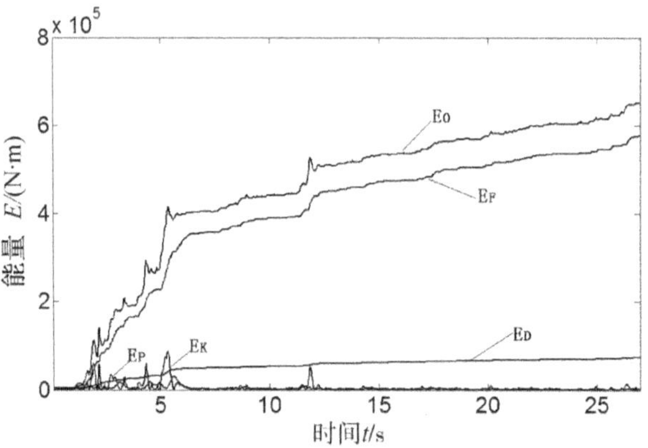

（b）有限元仿真

图 4-3　工况一能量响应时程曲线（El Centro 波）

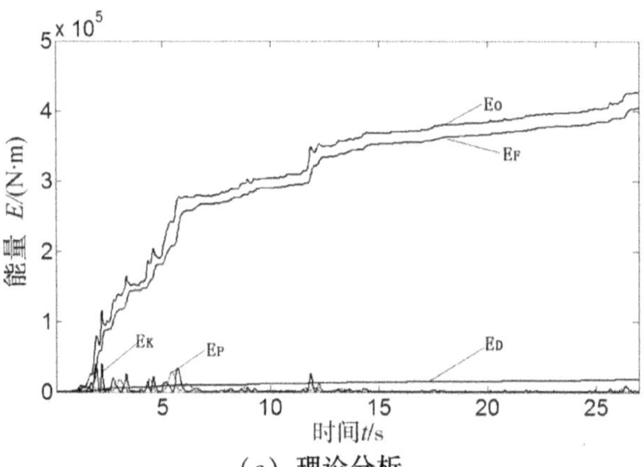

（a）理论分析

图 4-4　工况二能量响应时程曲线（El Centro 波）

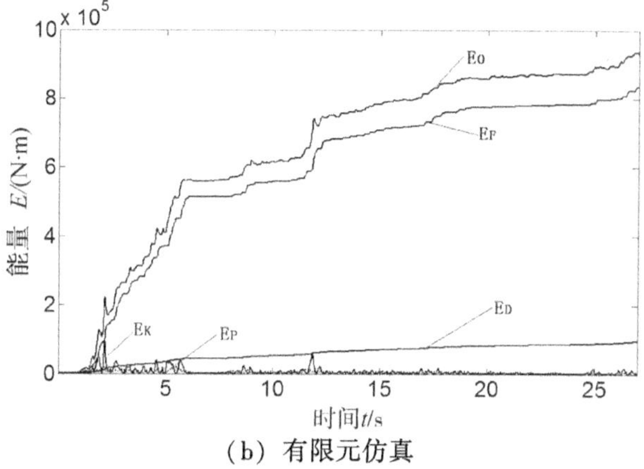

（b）有限元仿真

图 4-4　工况二能量响应时程曲线（El Centro 波）（续）

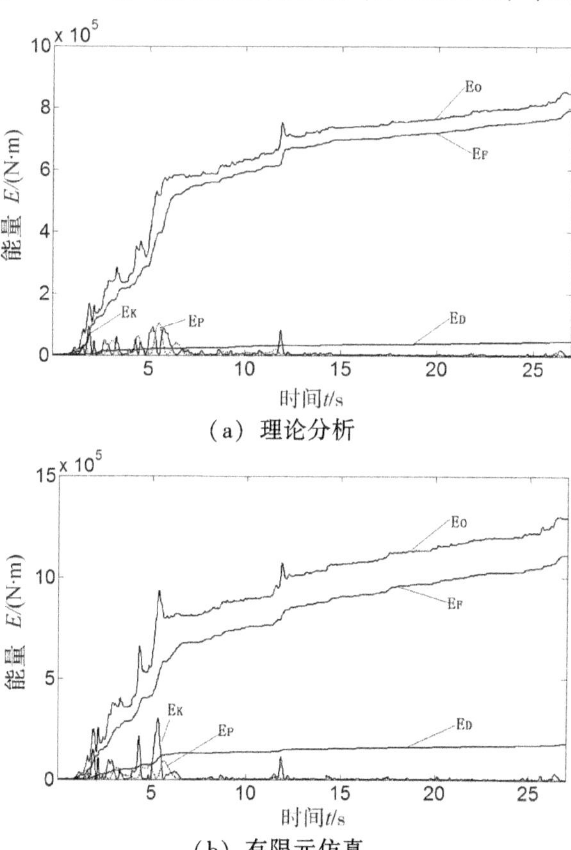

（a）理论分析

（b）有限元仿真

图 4-5　工况三能量响应时程曲线（El Centro 波）

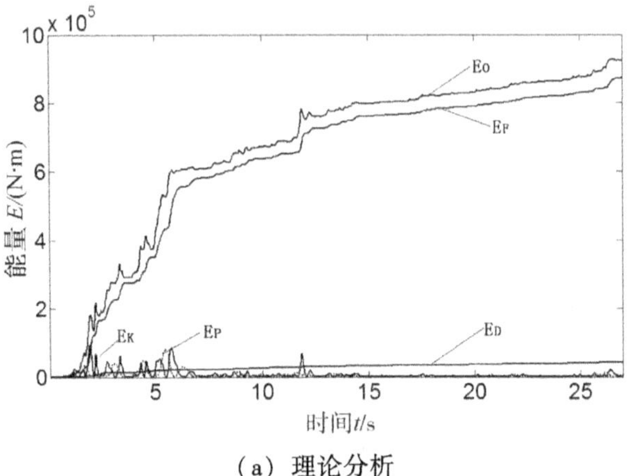

（a）理论分析

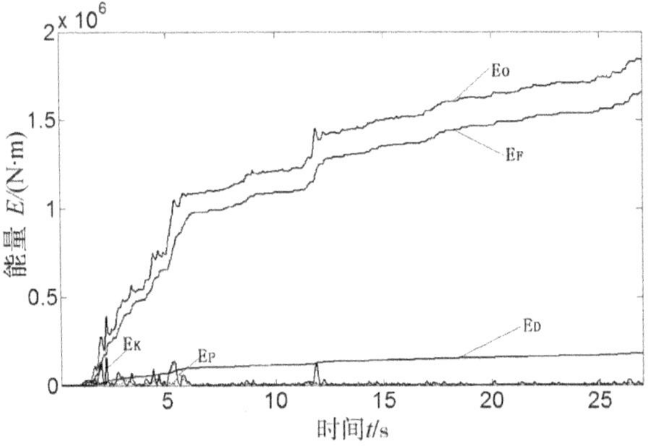

（b）有限元仿真

图 4-6　工况四能量响应时程曲线（El Centro 波）

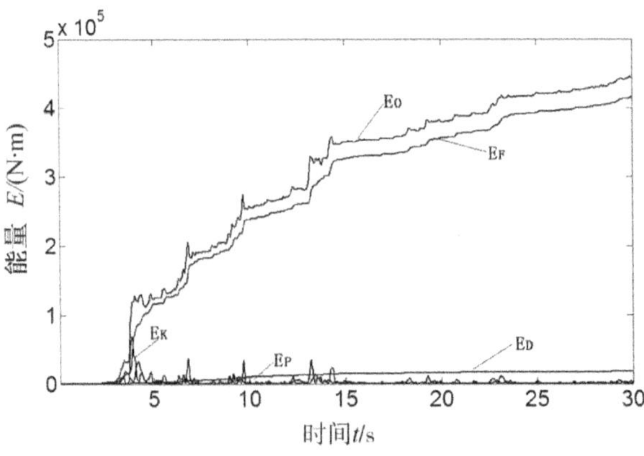

（a）理论分析

图 4-7　工况一能量响应曲线（Taft 波）

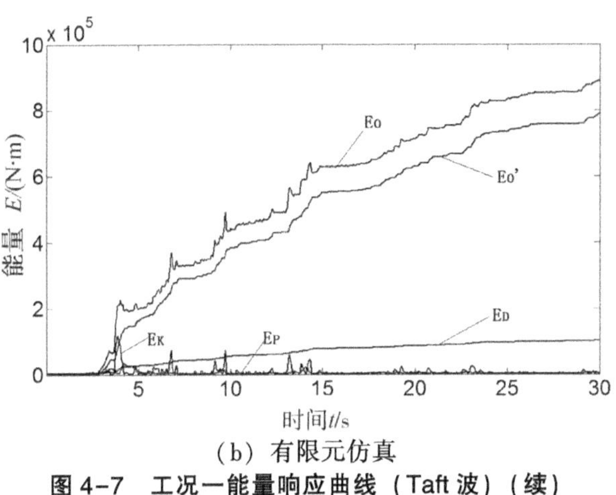

(b) 有限元仿真

图 4-7　工况一能量响应曲线（Taft 波）（续）

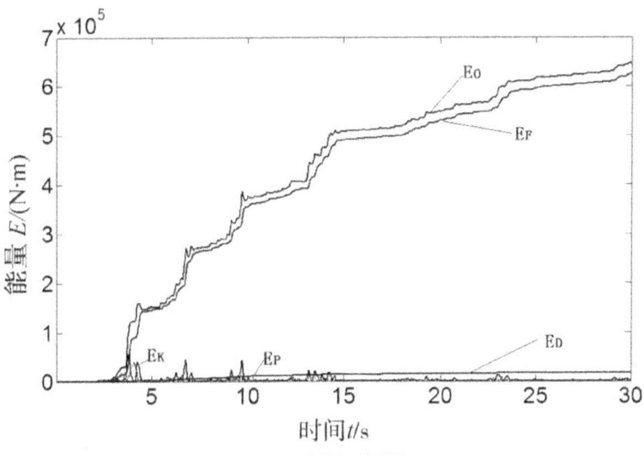

(a) 理论分析

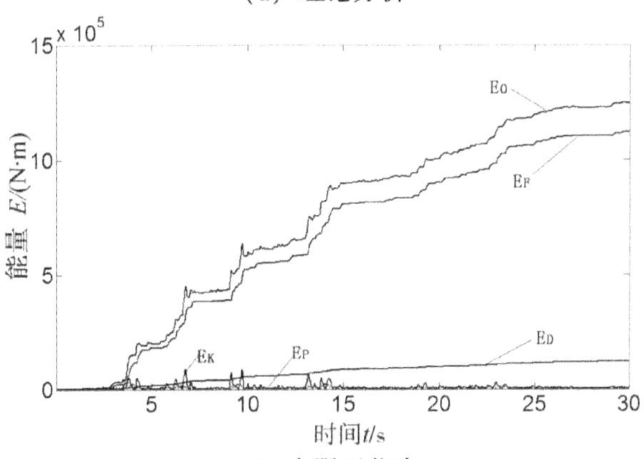

(b) 有限元仿真

图 4-8　工况二能量响应曲线（Taft 波）

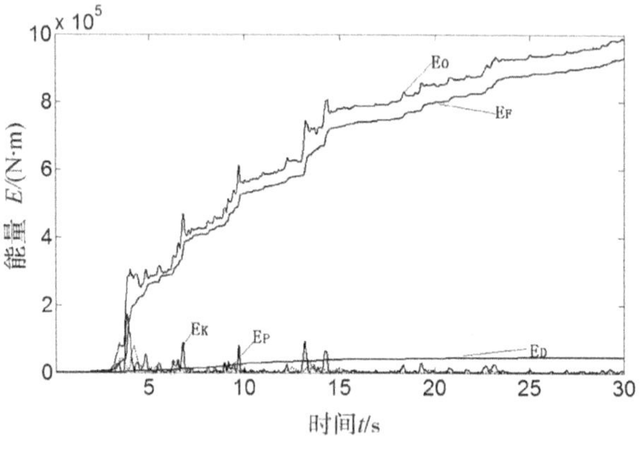

（a）理论分析

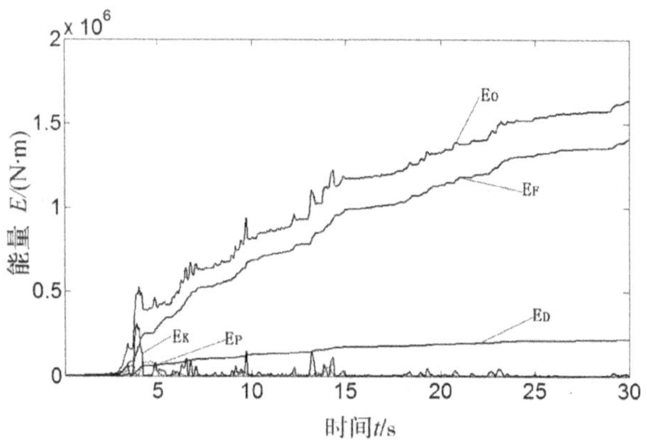

（b）有限元仿真

图 4-9 工况三能量响应曲线（Taft 波）

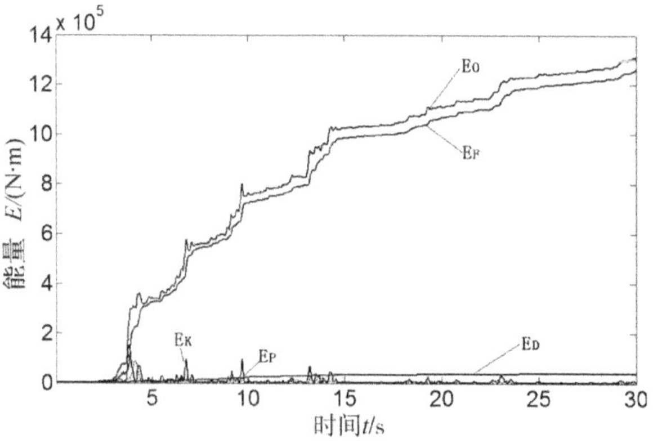

（a）理论分析

图 4-10 工况四能量响应曲线（Taft 波）

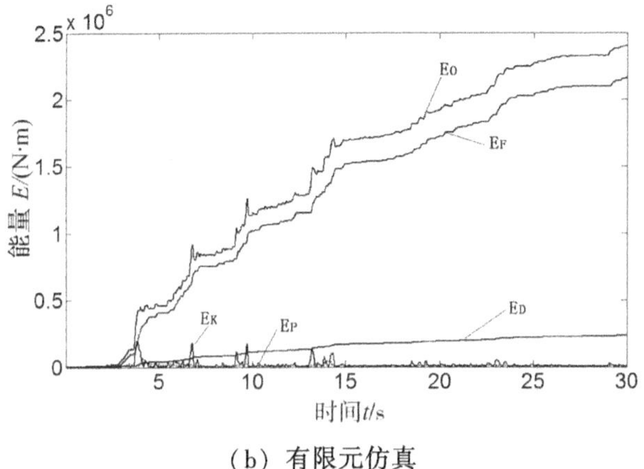

（b）有限元仿真

图 4-10　工况四能量响应曲线（Taft 波）（续）

（1）理论方法和有限元仿真得到的各能量项能量响应曲线变化趋势基本一致。

（2）地震输入能、摩擦摆支座摩擦耗能及系统自身阻尼耗能随地震波持续时间的增加而逐渐增大，摩擦摆支座摩擦耗能消耗了大部分的地震输入能。

（3）隔震桥梁系统动能及系统势能随着地震波持续时间不断变化，分别在不同时刻达到了最大值。

（4）El Centro 波作为地震激励时，不同工况时理论方法与有限元仿真得到的地震输入能幅值比值分别为 0.56、0.48、0.62、0.51。

（5）Taft 波作为地震激励时，不同工况时理论方法与有限元仿真得到的地震输入能幅值比值分别为 0.49、0.51、0.61、0.54。

（6）理论分析得到的耗能比大于有限元仿真得到的耗能比，两种方法得到的系统动能及势能峰值区域接近。

综上所述，理论分析得到的摩擦摆连续梁桥能量响应时程曲线具有较好的计算精度。

选用 El Centro 波、Taft 波作为地震激励，摩擦摆支座滑道半径及摩擦因数分别为 2m、0.05，抗震设防烈度为 8 度，验证摩擦摆连续梁桥各能量项在任意时刻均满足能量平衡，地震输入能响应曲线分别如图 4-11、图 4-12 所示。图中 E_O 由式（4-3）右端公式计算得到，E_o' 由式（4-3）左端各能量项公式相加得到。由图 4-11、图 4-12 可知，分别通过式（4-3）两端计算得到的地震输入能曲线具有很高的重合性，这表明了理论分析中心加速度法的基本假设能够满足计算精度的要求，同时验证了摩擦摆连续梁桥在任意时刻均满足能量平衡方程。

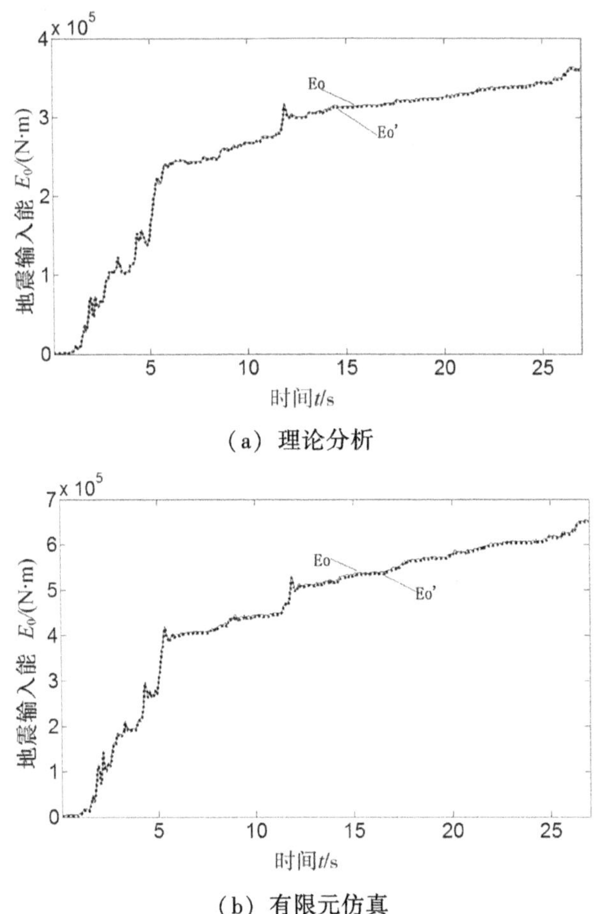

（a）理论分析

（b）有限元仿真

图 4-11　地震输入能响应曲线（El Centro 波）

选用 El Centro 波、Taft 波作为地震激励，摩擦摆支座滑道半径及摩擦因数分别为 2m、0. 05，抗震设防烈度为 8 度，得到摩擦摆耗能比响应曲线分别如图 4-13、图 4-14 所示。由图 4-13、图 4-14 可知：

（1）理论分析与有限元仿真得到的摩擦摆支座耗能比响应曲线变化趋势基本一致，耗能比随着地震波持续时间的增加而增大，变化趋势逐渐平缓。

（2）El Centro 波作为地震激励时，理论方法与有限元仿真得到的摩擦

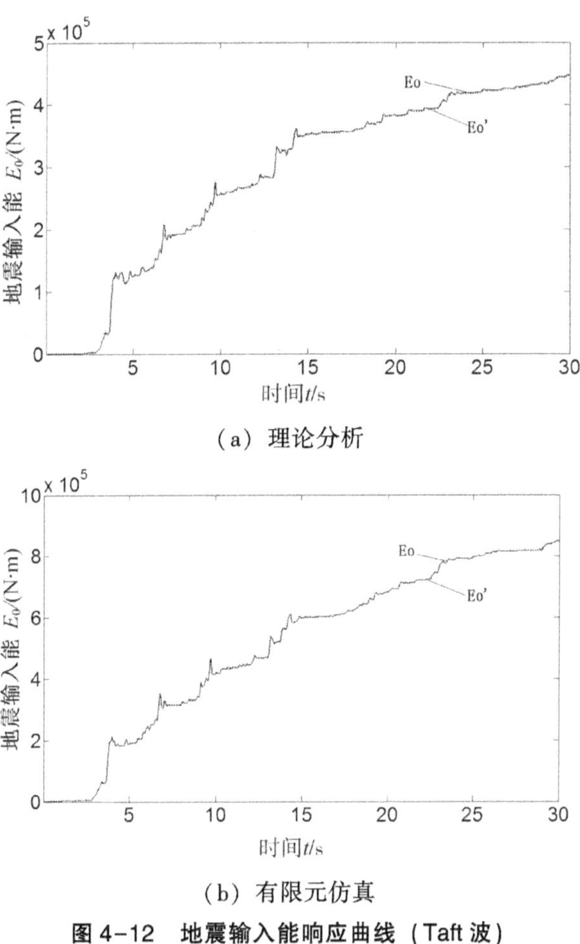

（a）理论分析

（b）有限元仿真

图 4-12　地震输入能响应曲线（Taft 波）

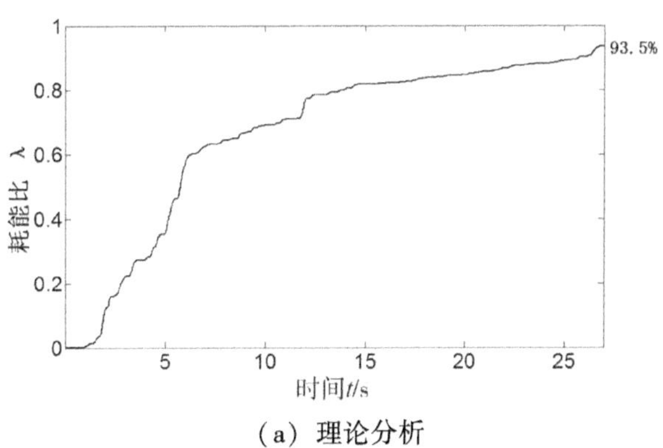

（a）理论分析

图 4-13　摩擦摆耗能比响应曲线（El Centro 波）

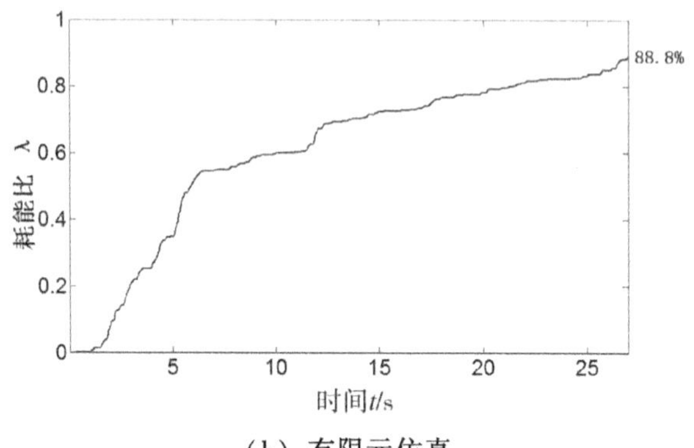

（b）有限元仿真

图 4-13　摩擦摆耗能比响应曲线（El Centro 波）（续）

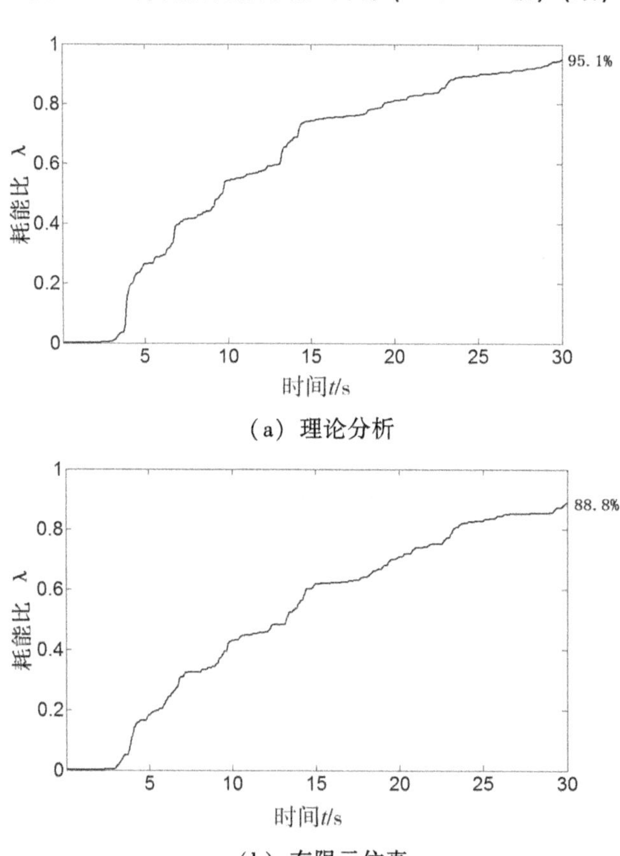

（a）理论分析

（b）有限元仿真

图 4-14　摩擦摆耗能比响应曲线（Taft 波）

摆支座耗能比分别为 93.5%、88.8%；

（3）Taft 波作为地震激励时，理论方法与有限元仿真得到的摩擦摆支座耗能比分别为 95.1%、88.8%。

4.2.4 隔震与非隔震桥梁能量响应分析

在地震作用下摩擦摆支座能够通过摩擦耗能消耗地震输入能量，减少地震输入能向上部结构的传递。为了研究摩擦摆支座的隔震能力，选择摩擦摆支座滑道半径及摩擦因数分别为 2m、0.05，对不同工况时隔震桥梁与非隔震桥梁的地震输入能、系统动能及系统势能地震响应进行研究，四种计算工况分别为：

工况一：地震激励为 El Centro 波，抗震设防烈度 7 度。

工况二：地震激励为 El Centro 波，抗震设防烈度 8 度。

工况三：地震激励为 Taft 波，抗震设防烈度 7 度。

工况四：地震激励为 Taft 波，抗震设防烈度 8 度。

四种计算工况得到的隔震桥梁与非隔震桥梁的能量响应曲线分别如图 4-15至图 4-18 所示，表 4-2 为四种计算工况时隔震桥梁与非隔震桥梁的地震输入能幅值、系统动能幅值及势能幅值。由计算得到的能量响应曲线可知，隔震桥梁的地震输入能、系统动能及势能在地震波持续时间内均小于非隔震桥梁能量响应值，非隔震桥梁系统动能及势能峰值区域具有更长的持续时间。由表 4-2 可知，摩擦摆支座对隔震桥梁地震输入能幅值的影响较小，但能够大大降低桥梁结构在地震激励作用时的系统动能及势能幅值。

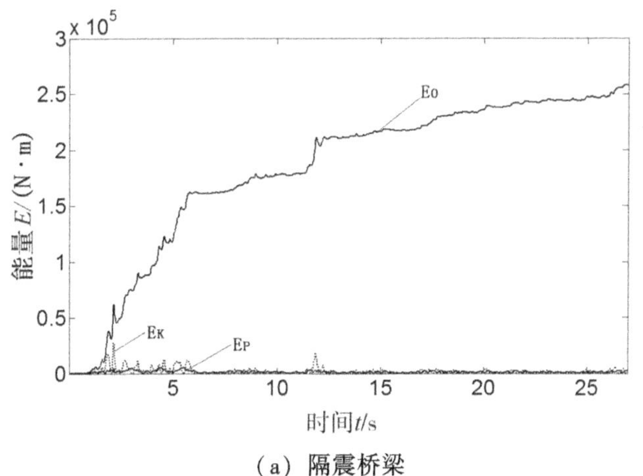

(a) 隔震桥梁

图 4-15　工况一能量响应曲线

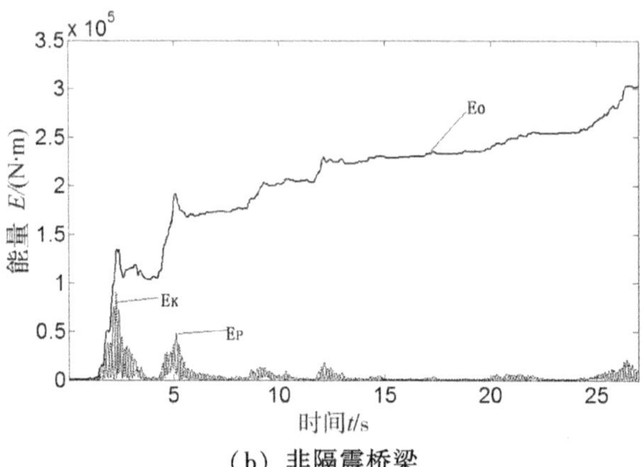

（b）非隔震桥梁

图 4-15　工况一能量响应曲线（续）

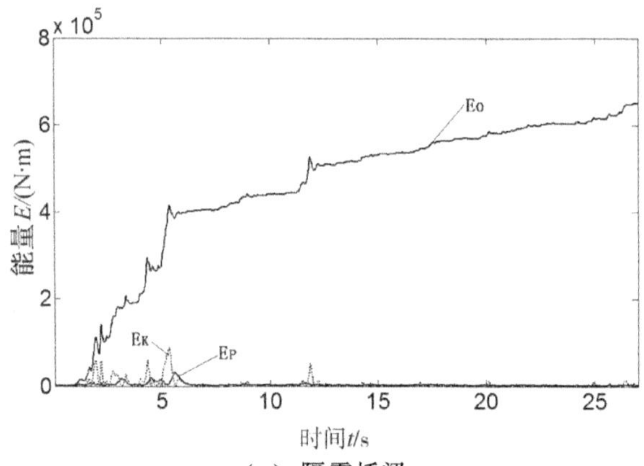

（a）隔震桥梁

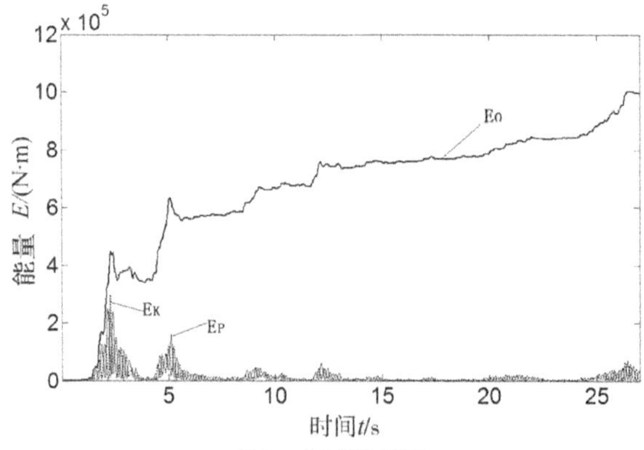

（b）非隔震桥梁

图 4-16　工况二能量响应曲线

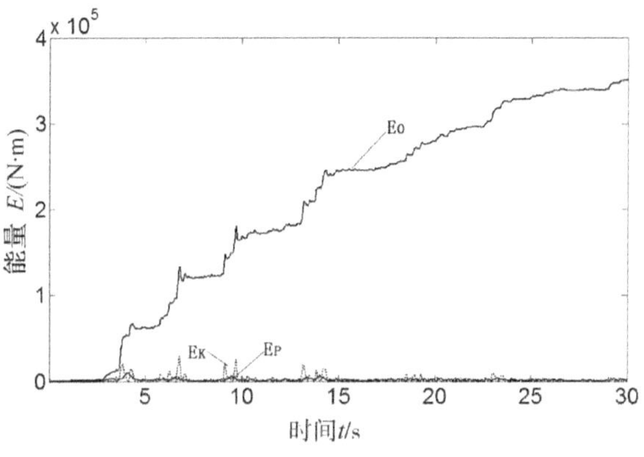

（a）隔震桥梁

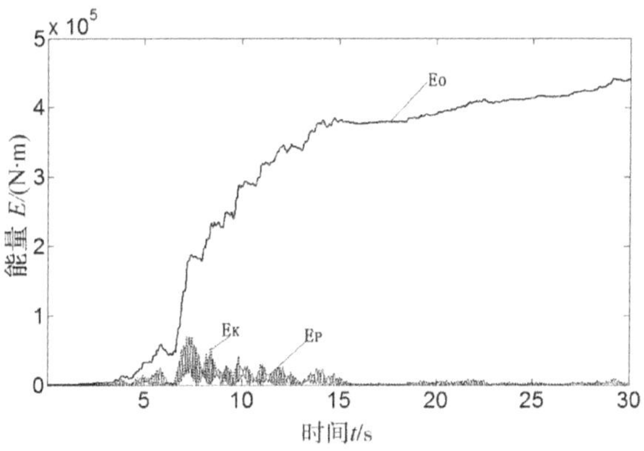

（b）非隔震桥梁

图 4-17　工况三能量响应曲线

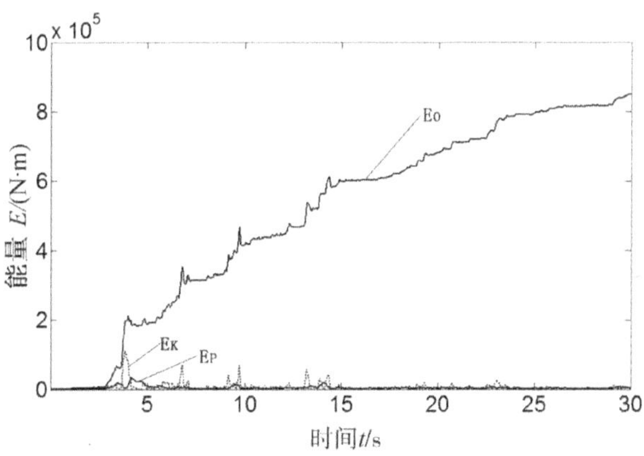

（a）隔震桥梁

图 4-18　工况四能量响应曲线

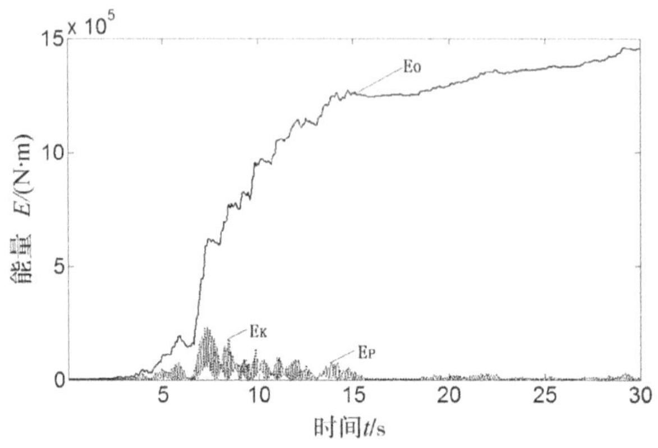

(b) 非隔震桥梁

图 4-18 工况四能量响应曲线（续）

表 4-2 不同工况时隔震桥梁与非隔震桥梁能量响应幅值

参数		工况一	工况二	工况三	工况四
地震输入能	隔震/N · m	2.58e5	6.51e5	3.51e5	8.51e5
	非隔震/N · m	3.03e5	1.00e6	4.41e5	1.46e6
	相差倍数	1.17	1.54	1.26	1.72
系统动能	隔震/N · m	2.81e4	8.70e4	2.90e4	1.09e5
	非隔震/N · m	9.03e4	2.99e5	6.86e4	2.29e5
	相差倍数	3.21	3.44	2.37	2.10
系统势能	隔震/N · m	5.60e3	3.08e4	9.77e3	3.22e4
	非隔震/N · m	7.54e4	2.49e5	6.94e4	2.27e5
	相差倍数	13.5	8.08	7.10	7.05

4.3 基于能量法的摩擦摆支座参数优化

摩擦摆支座在地震激励作用时主要通过摩擦耗能来消耗地震波向桥梁结构的输入能量，以降低隔震桥梁系统动能及势能响应从而提高桥梁的抗震能力，为了研究摩擦摆支座的耗能能力，定义隔震装置的耗能比如公式(4-20)所示。

$$\lambda = \frac{E_f}{E_o} \tag{4-20}$$

式中：λ ——摩擦摆支座耗能比。

主梁势能可以反映主梁位移的地震响应，桥墩势能可以反映桥墩底部剪力的地震响应，系统动能可以反映主梁及桥墩的速度及加速度响应变化，因此定义结构响应能为系统动能与势能之和，结构响应能幅值计算方法如式（4-21）所示，结构响应能能够反映出地震激励对隔震桥梁的累积破坏效应。

$$E_r = \max(E_k(t) + E_p(t)) \tag{4-21}$$

式中：E_r ——隔震桥梁结构响应能幅值。

建立两跨摩擦摆连续梁桥有限元模型如图 4-19 所示，以控制隔震桥梁结构响应能幅值为目标对摩擦摆支座滑道半径及摩擦因数进行参数优化分析。分别以 El Centro 波、Taft 波、Northridge 波作为地震激励，对不同抗震设防烈度时摩擦摆支座滑道半径及摩擦因数进行优化分析。摩擦摆支座滑道半径通常可根据桥梁结构尺寸进行选择，本节分别选用滑道半径为 1.5m、2m 及 2.5m 的摩擦摆支座进行优化分析，主要研究滑道半径对隔震桥梁结构响应能及耗能比的影响趋势，根据分析结构能够在合理的范围内选择最优的滑道半径值。

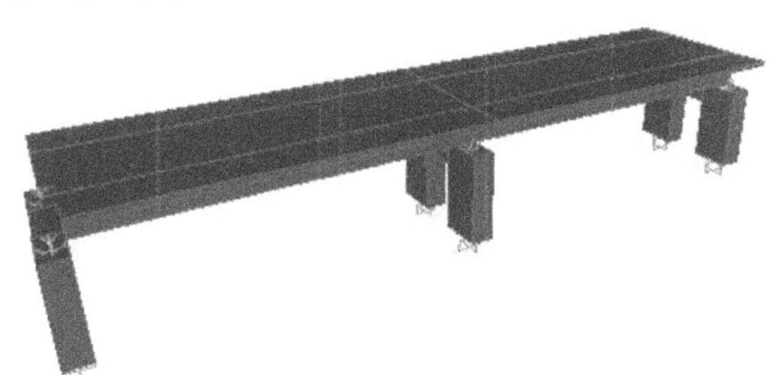

图 4-19　两跨摩擦摆连续梁桥有限元模型

4.3.1 El Centro 地震波

选用 El Centro 波作为地震激励，研究得到抗震设防烈度分别为 7 度和 8 度时，隔震桥梁的结构响应能幅值及摩擦摆支座耗能比分别如图 4-20、图 4-21 所示，图 4-22 为理论分析得到的摩擦摆连续梁桥结构能量响应幅值。

由图 4-20、图 4-21 可知，在谷底区域前结构响应能随摩擦因数及滑道半径的增加而减小，在谷底区域后结构响应能随着摩擦因数的增加而增大；抗震设防烈度为 7 度和 8 度时，结构响应能最小值比最大值分别减小了 62.7%和 75.0%；摩擦摆支座耗能比可以达到 81%以上。

隔震桥梁结构响应能的谷底区域与摩擦摆支座耗能比的峰值区域具有较好的对应性。因此抗震设防烈度为 7 度时，最优摩擦因数为 0.05 ～ 0.06，最优滑道半径为 2.5m；抗震设防烈度为 8 度时，最优摩擦因数为 0.07 ～ 0.08，最优滑道半径为 2.5m。由图 4-22 可知，理论分析得到的摩擦摆支座滑道半径及摩擦因数最优值范围与有限元仿真得到的结果基本一致。

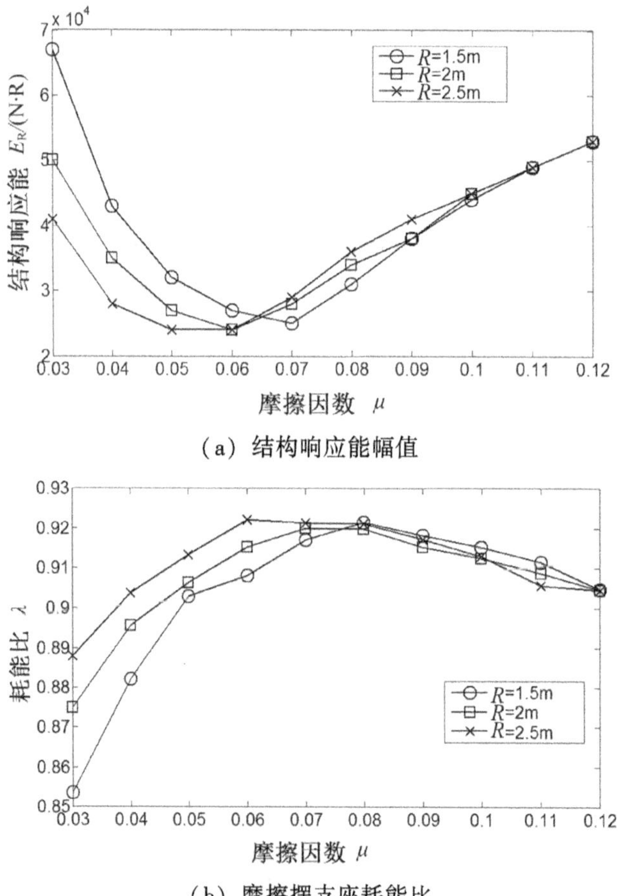

(a) 结构响应能幅值

(b) 摩擦摆支座耗能比

图 4-20 摩擦摆连续梁桥能量响应（7 度抗震设防）

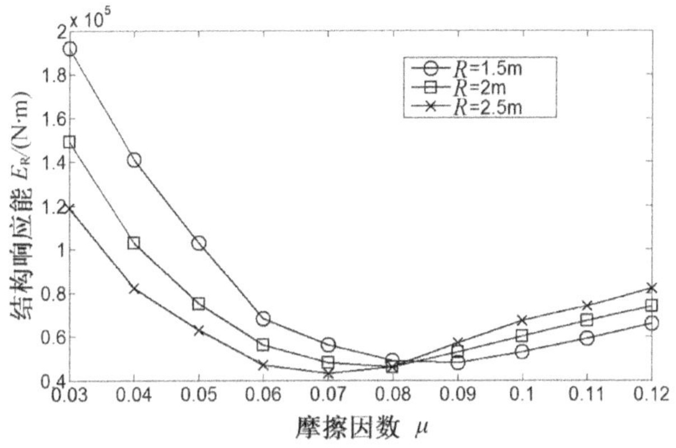

（a）结构响应能幅值

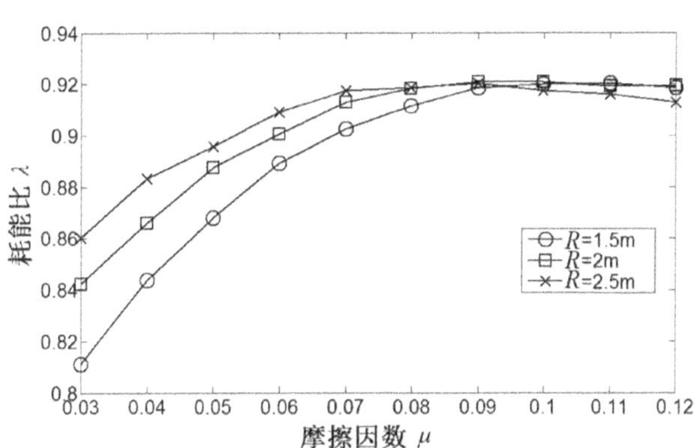

（b）摩擦摆支座耗能比

图 4-21　摩擦摆连续梁桥能量响应（8 度抗震设防）

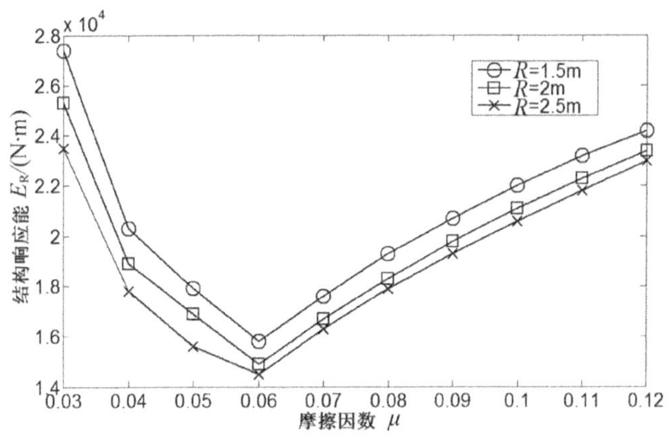

（a）7 度抗震设防

图 4-22　理论分析隔震桥梁响应能幅值

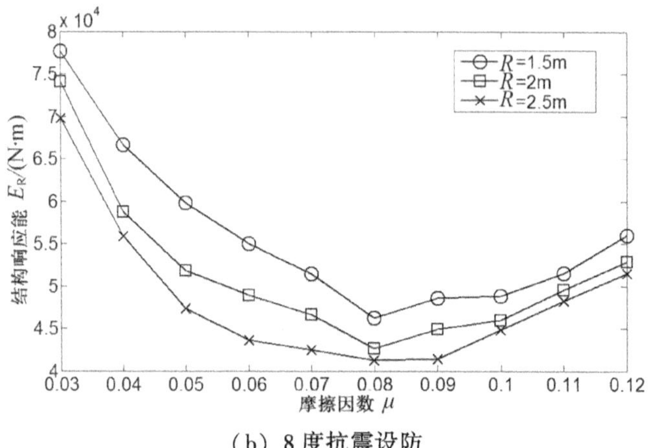

（b）8 度抗震设防

图 4-22　理论分析隔震桥梁响应能幅值（续）

4.3.2 Taft 地震波

选用 Taft 波作为地震激励，研究得到抗震设防烈度分别为 7 度和 8 度时隔震桥梁的结构响应能幅值及摩擦摆支座耗能比分别如图 4-23、图 4-24 所示。

由图 4-23、图 4-24 可知，在谷底区域前结构响应能随着摩擦因数及滑道半径的增大而减小，在谷底区域后随着摩擦因数的增加而增大；抗震设防烈度为 7 度和 8 度时，结构响应能最小值比最大值分别减小了 21.5%、23.3%；结构响应能的谷底区域与耗能比的峰值区域具有较好的对应性。因此抗震设防烈度为 7 度时，最优摩擦因数为 0.06 ~ 0.07，最优滑道半径为 2.5m；抗震设防烈度为 8 度时，最优摩擦因数为 0.09 ~ 0.1，最优滑道半径为 2.5m。

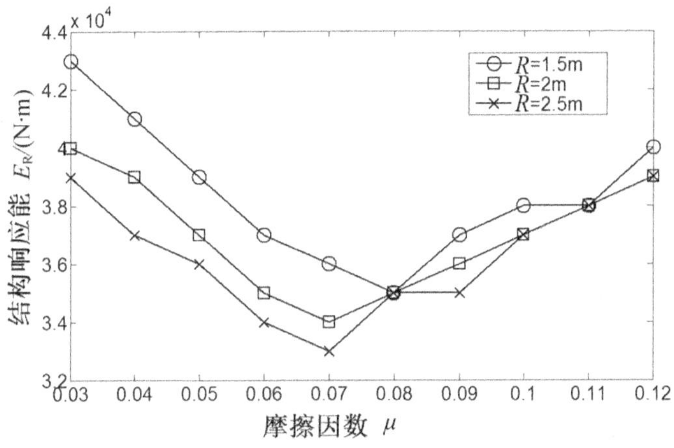

(a) 结构响应能幅值

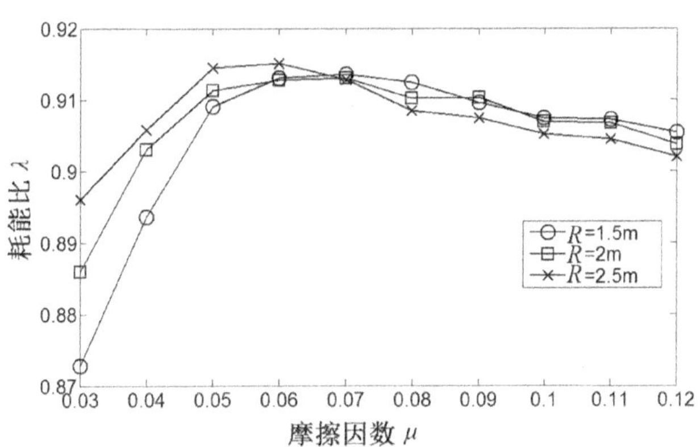

(b) 摩擦摆支座耗能比

图 4-23　摩擦摆连续梁桥能量响应（7 度抗震设防）

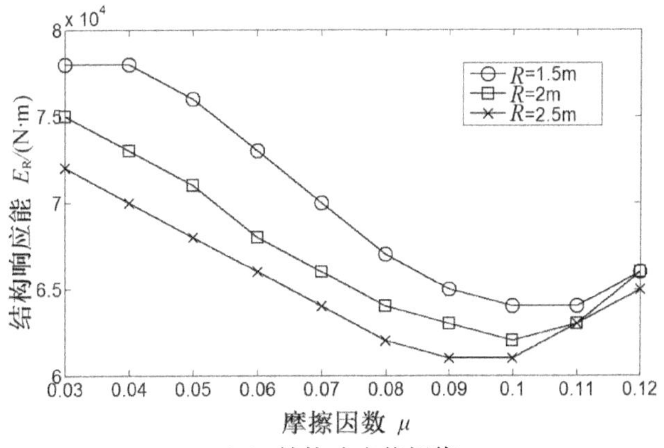

(a) 结构响应能幅值

图 4-24　摩擦摆连续梁桥能量响应（8 度抗震设防）

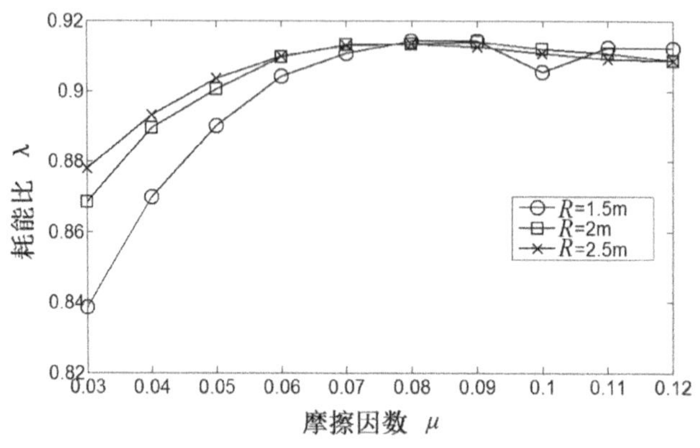

（b）摩擦摆支座耗能比

图 4-24　摩擦摆连续梁桥能量响应（8 度抗震设防）（续）

4.3.3 Northridge 地震波

选用 Northridge 波作为地震激励，研究得到抗震设防烈度分别为 7 度和 8 度时，隔震桥梁的结构响应能幅值及摩擦摆支座耗能比分别如图 4-25、图 4-26 所示。由图 4-25、图 4-26 可知抗震设防烈度为 7 度时，最优摩擦因数为 0.07，最优滑道半径为 2.5m；抗震设防烈度为 8 度时，最优摩擦因数为 0.12，最优滑道半径为 2.5m。

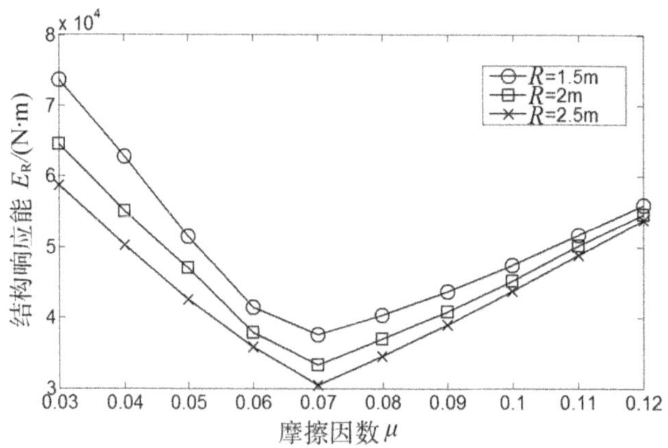

（a）结构响应能幅值

图 4-25　摩擦摆连续梁桥能量响应（7 度抗震设防）

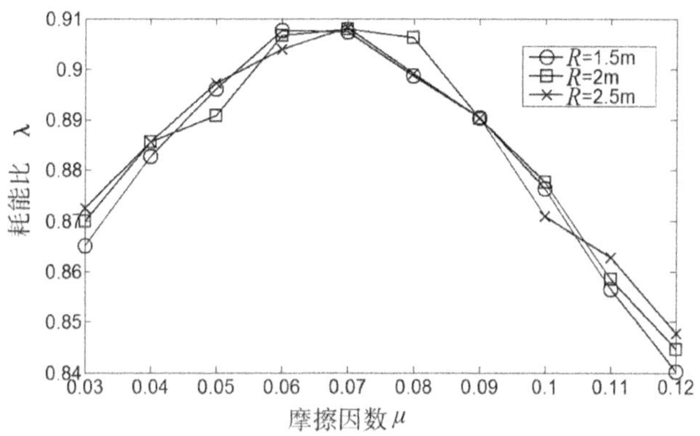

(b) 摩擦摆支座耗能比

图 4-25　摩擦摆连续梁桥能量响应（7 度抗震设防）（续）

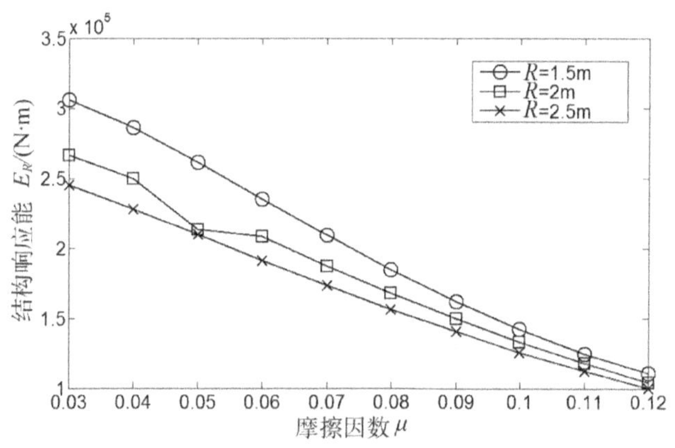

(a) 结构响应能幅值

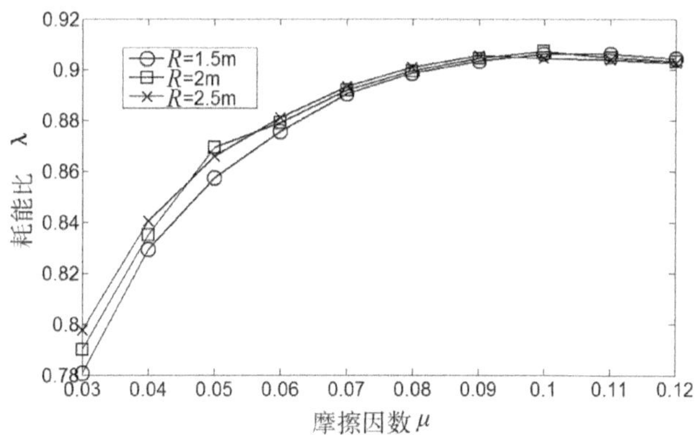

(b) 摩擦摆支座耗能比

图 4-26　摩擦摆连续梁桥能量响应（8 度抗震设防）

4.3.4 滑道半径及摩擦因数优化结果

地震激励为不同地震波时摩擦摆支座摩擦因数及滑道半径的最优值范围见表4-3。由表4-3可知，在设计允许条件下应尽可能增大摩擦摆支座滑道半径；摩擦因数应随着抗震设防烈度的提高而适当增大，输入地震激励对最优参数值有很大影响。

表4-3 不同地震波时摩擦因数及滑道半径最优值范围

地震波	El Centro 波		Taft 波		Northridge 波	
	7度	8度	7度	8度	7度	8度
R/m	2.5	2.5	2.5	2.5	2.5	2.5
μ	0.05～0.06	0.07～0.08	0.06～0.07	0.09～0.1	0.07	0.12

4.4 本章小结

本章建立了摩擦摆连续梁桥能量平衡方程，并采用中心加速度法和MATLAB编程得到了隔震桥梁能量响应曲线，与有限元仿真结果比较，表明理论分析得到的能量响应曲线具有较好的计算精度。地震波加速度幅值和摩擦摆支座摩擦因数对地震输入能有很大影响，而摩擦因数对地震输入能影响较小。提出了以控制隔震桥梁结构响应能幅值为目标，以摩擦摆支座耗能比为限制条件的摩擦摆支座滑道半径及摩擦因数优化设计方法，分别以El Centro波、Taft波、Northridge波作为地震激励，得到了不同抗震设防烈度时摩擦摆支座滑道半径及摩擦因数最优值范围。研究结果表明，新的优化设计方法能够得到摩擦摆支座最优参数范围使结构响应能幅值达到最小值，同时保证摩擦摆支座具有较高的耗能比，可以弥补多目标参数优化设计方法存在的不足。

第 5 章

摩擦摆支座水平力学性能试验

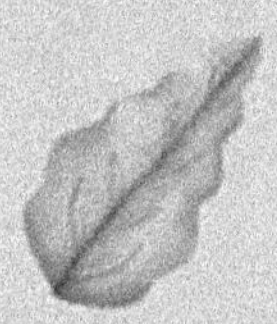

摩擦摆支座是桥梁隔震技术中的关键构件，能够延长上部结构周期从而避开地震波的特征周期，并利用摩擦耗能减少地震波向上部结构传递的能量。第 2 章理论分析表明，滑动位移值对摩擦摆支座等效刚度及等效阻尼比等力学参数有较大影响，直接将滑动位移取为设计位移值会大大降低摩擦摆连续梁桥地震响应的计算精度。因此对摩擦摆支座水平力学性能进行试验研究，分析摩擦摆支座的滞回曲线特征以及滑动位移值对摩擦摆支座初始刚度、等效刚度、等效阻尼比及振动周期等力学参数的影响，同时将理论计算与试验研究得到的摩擦摆支座力学参数进行对比分析。

5.1 试验加载装置

摩擦摆支座水平力学性能试验在成都新筑路桥股份有限公司结构工程试验中心进行。试验加载装置为15000kN动静态支座压剪试验机，试验机加载装置如图5-1所示。该试验机可以通过载荷和位移两种方式进行加载，正弦波加载频率可以进行调节，最大加载载荷及位移见表5-1，整个试验机系统由计算机控制液压系统进行加载，并通过计算机完成数据监控、数据采集及试验数据的绘制。

图5-1　15000kN压剪试验机

表5-1 压剪试验机最大加载载荷及位移

载荷	垂向载荷	横向载荷	双剪载荷	转角载荷
最大载荷	15000kN	2000kN	4000kN	1000kN
位移（转角）	700mm	600mm	600mm	0.06rad

摩擦摆支座水平力学性能试验过程中主要结构及加载装置如图5-2所示，首先通过竖向液压机构在摩擦摆支座上部施加恒定的垂向载荷模拟主梁及附属结构的重力载荷，然后通过水平加载系统施加水平位移载荷，位移加载波及加载幅值可以通过计算机进行控制，最后通过试验机的数据采集功能得到摩擦摆支座的滞回曲线。

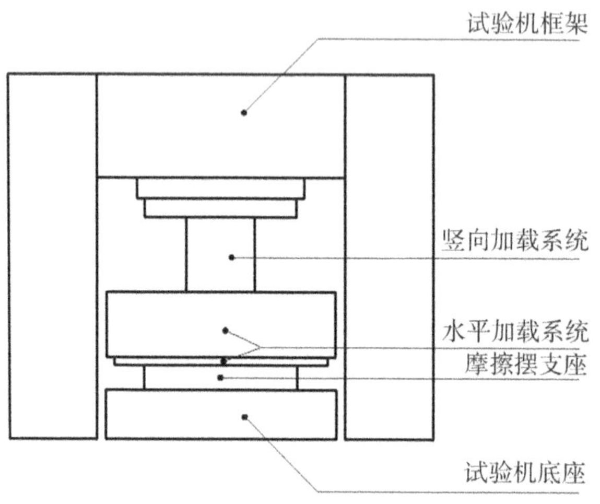

图 5-2　试验装置

5.2　试验用摩擦摆支座

试验用摩擦摆支座由成都新筑路桥股份有限公司提供，试验样品如图5-3所示。摩擦摆支座设计力学参数见表 5-2，结构具体尺寸如图 5-4 所示，该摩擦摆支座为单向活动隔震支座。

图 5-3　试验用摩擦摆支座

表 5-2　试验样品设计力学参数

参数	最大竖向承载力	设计位移	温度位移	转角
设计值	12500kN	150mm	50mm	0. 02rad
参数	球面半径	回复刚度	周期	阻尼比
设计值	2500mm	4. 17kN/mm	3. 17s	21. 2%

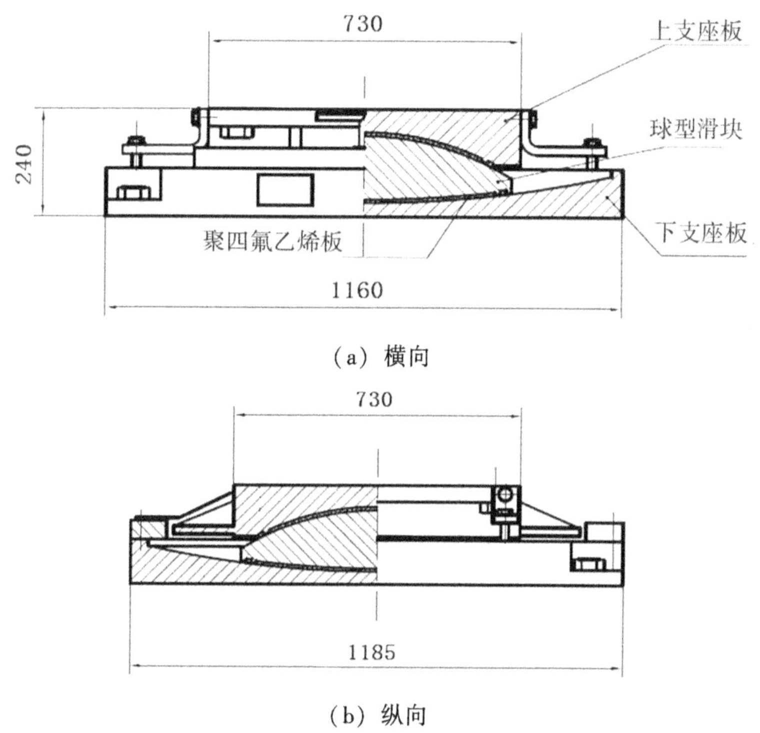

(a) 横向

(b) 纵向

图 5-4　摩擦摆支座结构尺寸（单位：mm）

5.3　摩擦摆支座力学性能试验

摩擦摆支座通过水平方向的摩擦耗能减小地震波输入能量向上部结构的传递，因此水平力学性能直接决定了摩擦摆支座的隔震能力。以试验用摩擦摆支座为研究对象，分别进行了不同滑动位移量时摩擦摆支座水平力学性能试验，研究滑动位移量对摩擦摆支座基本力学性能（初始刚度、等效刚度、等效阻尼、周期等）的影响，试验加载步骤如下：

（1）竖向载荷 12500kN。在整个水平力学性能试验过程中保持不变。

（2）水平位移加载。位移加载幅值分别为 ±40mm、±75mm、±115mm、±150mm，位移加载方式为正弦波加载，位移加载曲线如图 5-5 所示。

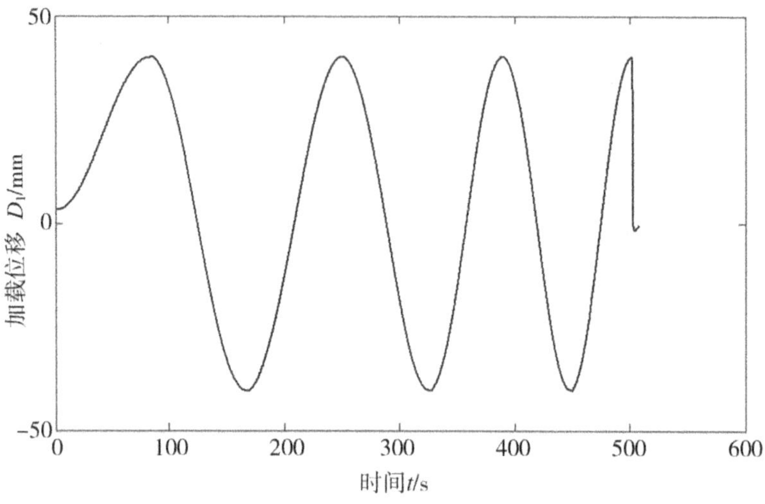

图 5-5　水平位移加载曲线

5.3.1 试验结果

图 5-6 至图 5-9 分别为水平位移加载幅值为 ±40mm、±75mm、±115mm、±150mm 时摩擦摆支座水平方向的滞回曲线。由试验得到的不同滑动位移时的滞回曲线可知：

（1）试验得到的摩擦摆支座滞回曲线是较为标准的双线性滞回模型，与图 2-3 中的理论力学模型基本一致，试验得到的不同滑动位移值时的滞回曲线饱满，均具有良好的隔震耗能能力。

（2）摩擦摆支座在水平方向可以保持很稳定的力学性能，在水平位移载荷多次往复加载过程中，摩擦摆支座滞回曲线均保持了较好的重合度。

（3）摩擦摆支座在水平方向具有较高的初始刚度，能够使隔震结构在强风或小震作用时保持其使用功能。当剪切力不断增大克服初始刚度后，摩擦摆支座往复滑动时的摆动刚度较低，可以延长隔震结构的振动周期从而避开地震波的特征周期。

（4）摩擦摆支座的屈服力随着滑动位移的增大而有较小增加。

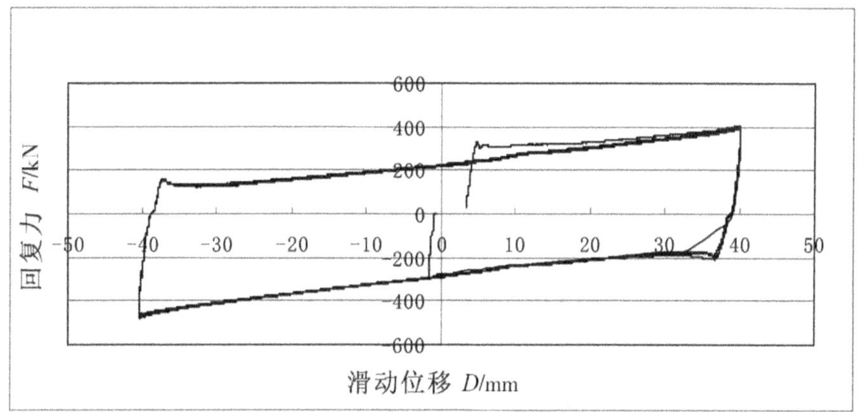

图 5-6　摩擦摆支座滞回曲线，水平位移加载幅值 ±40mm

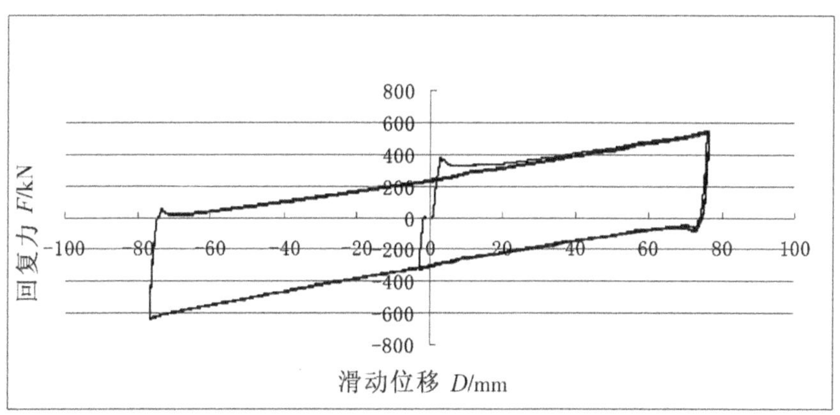

图 5-7　摩擦摆支座滞回曲线，水平位移幅值 ±75mm

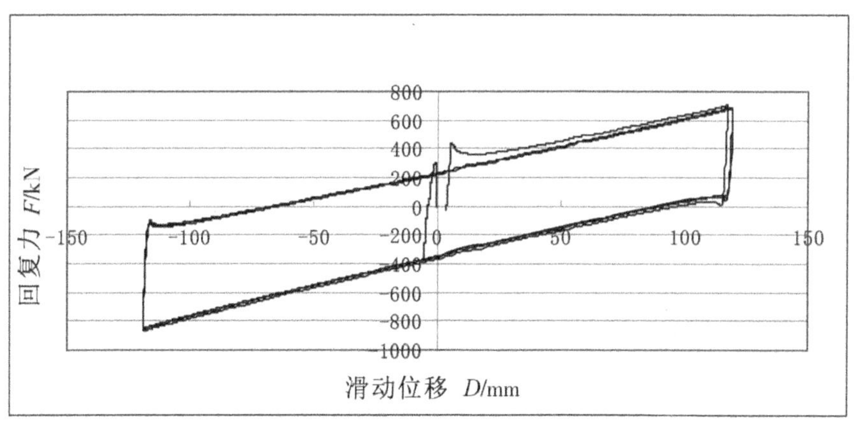

图 5-8　摩擦摆支座滞回曲线，水平位移幅值 ±115mm

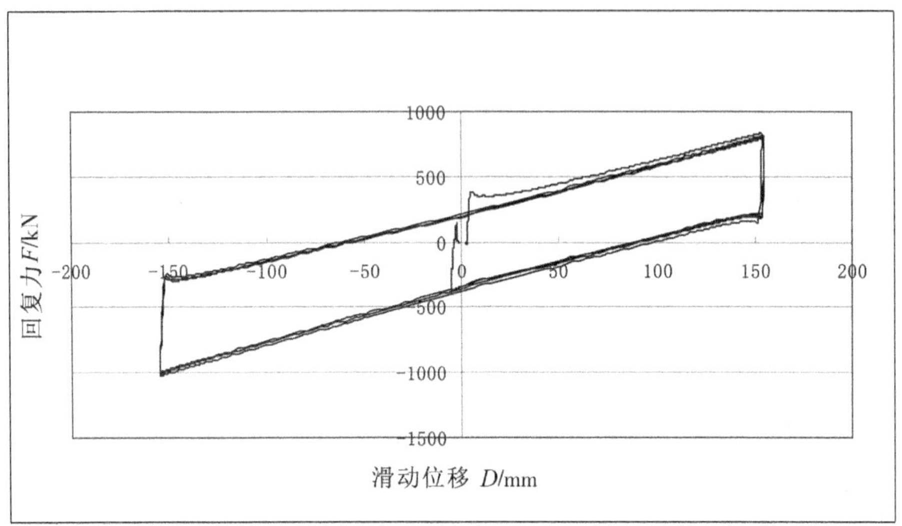

图 5-9　摩擦摆支座滞回曲线，水平位移幅值 ±150mm

通过试验装置数据采集及分析功能可以直接得到不同水平滑移量时摩擦摆支座的基本力学参数见表 5-3。由表 5-3 可知：

表 5-3　不同滑动位移时摩擦摆支座力学参数

试样编号	位移 /mm	摩擦因数	等效刚度 /(kN/mm)	等效阻尼比/%	周期 /s	初始刚度 /(kN/mm)
201412-Z-0365	±40	0. 02	10. 82	42. 26	2. 16	67. 52
	±75	0. 022	7. 74	32. 68	2. 55	70. 5
	±115	0. 025	6. 44	28. 84	2. 80	74. 94
	±150	0. 025	5. 74	20. 07	2. 96	74. 38

（1）摩擦摆支座滑动面动摩擦因数随着滑动位移的增加而增大，当滑动位移由 40mm 增加到 150mm 时，动摩擦因数增加了 25%。

（2）摩擦摆支座等效刚度及等效阻尼比随着滑动位移量的增大而减小，当滑动位移由 40mm 增加到 150mm 时，等效刚度和等效阻尼比分别减小了 47. 0%、52. 5%，结果表明摩擦摆支座进行等效线性化分析时必须考虑滑动位移量对支座力学性能的影响，而第 2 章得到的滑动位移推荐计算公式对提高摩擦摆连续梁桥地震响应的计算精度具有重要的意义。

（3）摩擦摆支座初始刚度及振动周期随着滑动位移的增加而增大，当滑动位移由 40mm 增加到 150mm 时，初始刚度和振动周期分别增加了

10.2%、37.0%。

5.3.2 理论与试验结果对比分析

第 2 章研究得到了摩擦摆支座等效刚度及等效阻尼比的理论计算公式分别如式（5-1）、式（5-2）所示，理论计算公式与试验方法中的参数设置为相同值，研究理论方法得到的摩擦摆支座等效刚度及等效阻尼比的计算精度。竖向载荷为 12500kN，摩擦摆支座球面滑道半径为 2.5m，摩擦因数与表 5-3 中的参数一致，通过理论方法得到了不同滑动位移时摩擦摆支座的等效刚度及等效阻尼比见表 5-4。由表 5-4 可知理论计算得到的摩擦摆支座等效刚度值偏大，等效阻尼比值偏小；当摩擦摆支座水平位移幅值分别±40mm、±75mm、±115mm、±150mm 时，理论计算比试验方法得到的等效刚度值分别增加了 3.8%、12.0%、19.7%、23.3%，理论计算比试验方法得到的等效阻尼比值分别减小了 16.2%、14.2%、16.3%、0.8%。

$$k_1 = \frac{W}{R} + \frac{\mu W}{D} \tag{5-1}$$

$$\varepsilon = \frac{2\mu}{\pi\left(\mu + \frac{D}{R}\right)} \tag{5-2}$$

表 5-4　摩擦摆支座等效刚度及等效阻尼比

滑动位移/mm	±40	±75	±115	±150
等效刚度/（kN/mm）	11.25	8.67	7.71	7.08
等效阻尼比/%	35.41	28.03	24.13	19.9

根据振动力学经典理论可以得到摩擦摆支座的振动周期为：

$$T = 2\pi\sqrt{\frac{m}{k}} = 2\pi\sqrt{\frac{m}{\frac{W}{R} + \frac{\mu W}{g}}} = 2\pi\sqrt{\frac{DR}{(D + \mu R)g}} \tag{5-3}$$

式中：T——摩擦摆支座振动周期。

分别将试验和理论方法得到的摩擦摆支座等效刚度带入式（5-3），得到摩擦摆支座在不同滑动位移时的振动周期见表 5-5。由表 5-5 可知理论分析得到的摩擦摆振动周期随着滑动位移的增加而增大，与试验结果变化趋势一致；当摩擦摆支座水平位移幅值分别±40mm、±75mm、±115mm、

±150mm时，理论计算比试验方法得到的摩擦摆支座振动周期分别减小了2.3%、5.5%、8.9%、9.8%。

表 5-5　理论方法得到的摩擦摆支座隔震周期

滑动位移/mm		±40	±75	±115	±150
周期/s	试验刚度	2.13s	2.52s	2.77s	2.93s
	理论刚度	2.11s	2.41s	2.55s	2.67s

5.4　三向弹性减震支座动力学分析

5.4.1 研究背景

根据多灾害作用下特大跨径桥梁结构体系研究，多灾害作用下桥梁结构体系宜选用1000m级多塔斜拉桥结构体系、3000m级悬索桥和3000m级斜拉-悬索协作体系。特大跨径桥梁的灾变效应有风致灾变、地震灾变及其综合灾变效应。该类桥梁的结构支承体系的结构特点是：需具备一定竖向承载能力，横向静载水平力大，纵向位移量大；体系较柔，在风载和地震作用下，需要通过阻尼和弹性力减小位移。

对于该类桥梁的约束和支承体系来看，主要通过减小风致振动和约束其位移，减小桥梁地震响应和位移来提高结构的抗灾变特性。要减小梁端的位移反应，可以有两种途径：一是适当缩短结构的周期（增大结构的刚度），兼顾力和位移，找一个折中方案；二是增大桥梁结构的阻尼。于是，为了控制超大跨度斜拉桥的梁端地震位移，要求在塔、梁之间增设的竖向支承既能提供缩短结构周期，又能提供一定的阻尼。温度变化、低风速和低车速载荷作用对于大跨度桥梁的纵向和横向漂移影响较大。因此，为了改善结构静力性能，支承系统可以通过应附加额定行程的静力限位功能，即在水平方向应具有一定的弹性刚度。

5.4.2 三向弹性减震支座原理

索桥结构体系的支承体系，其主要功能提供桥梁辅助支承和抗漂浮能力。地震作用下，桥梁和塔柱间会有较大的相对位移，从而导致桥梁结构的安全隐患。针对本项目下的特大跨径桥梁结构体系，在支承处应具有承载能力、竖向刚度和变位能力、水平刚度、阻尼和变位能力。支承体系的研究将围绕上述结构体系的要求进行分析和研究。

支承体系具有承载（水平载荷和竖向载荷）、位移和转动三个基本功能，同时由于桥梁结构和功能需求，还要求具备减震、抗震、阻尼和刚度等功能。对于特大跨度桥梁支承体系在具备上述功能的基础上，有些功能项较其他的更为重要，如位移、转动等功能。

对于特大跨径的桥梁支承体系，其结构功能原理图可以简化为图 5-10 所示：需要具备竖向、水平方向的承载力和位移，具备水平方向和竖向两个方向的刚度和位移，水平向通过阻尼和刚度减小结构在静载荷动载作用下结构的相对变位。三向弹性减震支座与普通球型支座在桥梁结构中的布置如图 5-11、图 5-12 所示。

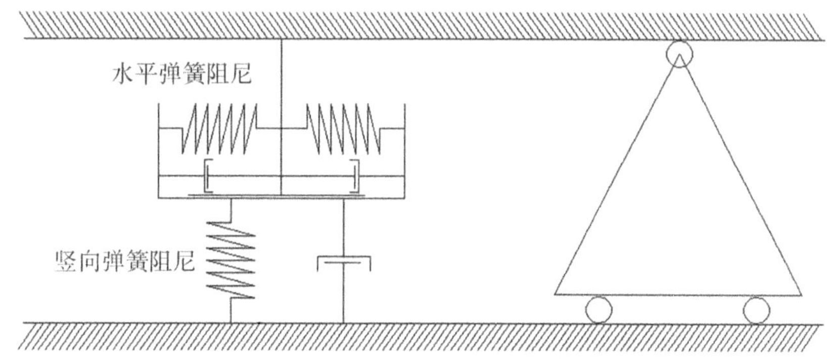

图 5-10　减震防灾支承体系力学模型

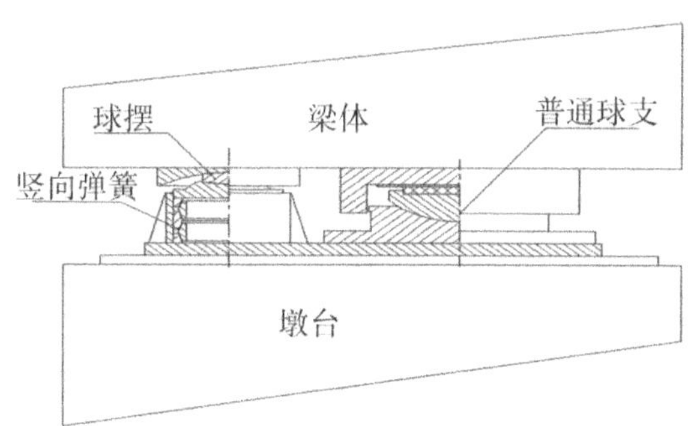

图 5-11　组合式隔震支座结构图

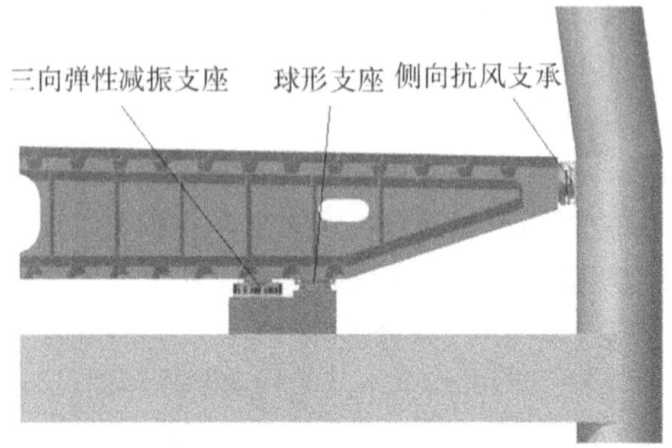

图 5-12　组合式隔震支座桥梁结构中布置图

5.4.3 减震支座力学性能分析

5.4.3.1 三向弹性减振支座力学模型

摩擦摆支座结构如图 5-13 所示，三向弹性减震支座在竖向同时具有减震能力，由滑块在圆心 O 处为矩平衡可以得到摩擦摆支座力学平衡公式：

$$FR\cos\theta = WD + fR$$

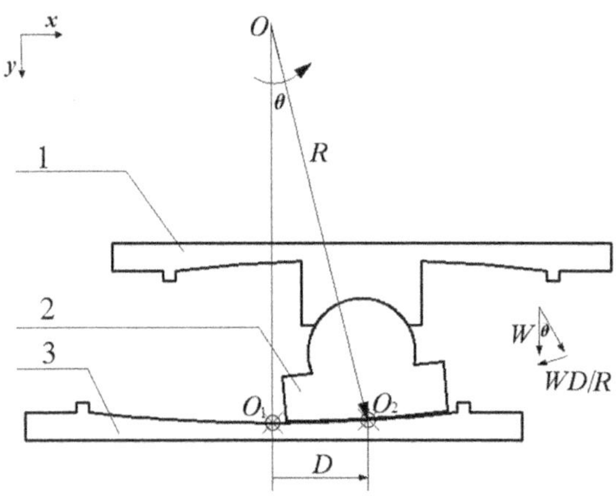

图 5-13　摩擦摆支座结构图

摩擦摆支座的等效线性刚度和等效阻尼比分别为：

$$k = \frac{\mu W + k_d D}{D} = \frac{\mu W}{D} + \frac{W}{R}$$

$$\varepsilon = \frac{2\mu}{\pi(\mu + \frac{D}{R})}$$

当摩擦摆支座水平滑动位移为 D 时，三向弹性减震支座在竖向产生的作用位移为：

$$D_{竖} = R - \sqrt{R^2 - D^2}$$

则竖向作用力为：

$$F_{竖} = k_{竖} D_{竖}$$

式中：W——上部结构质量；

R——滑动半径；

D——滑动位移；

μ——摩擦因数。

5.4.3.2 球型支座力学模型

球型支座在水平方向具有摩擦耗能能力，其力学模型如图5-14所示。

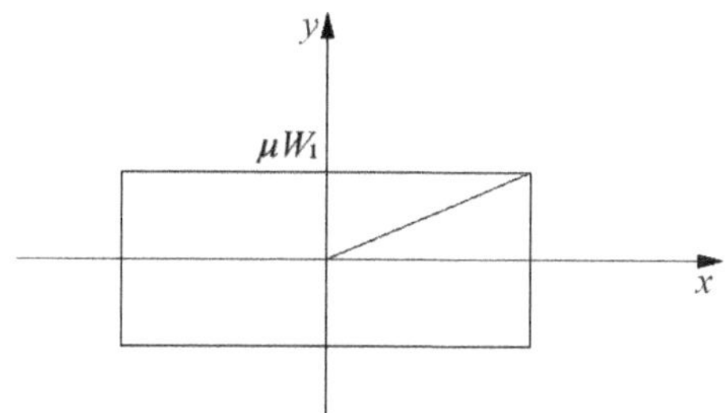

图5-14　水平耗能支座结构图

由图5-14可以得出支座的等效线性刚度：

$$k_1 = \frac{\mu_1 W_1}{D}$$

5.4.3.3 组合型支座力学模型

根据前面分析可以得到组合支座在不同滑动位移的力学性能及参数如下所示。

摩擦摆支座：

$$k = \frac{\mu k_{竖}(R - \sqrt{R^2 - D^2})}{D} + \frac{k_{竖}(R - \sqrt{R^2 - D^2})}{R}$$

水平耗能支座：

$$k_1 = \frac{\mu_1(W_{总} - F_{竖})}{D}$$

5.4.4 试验研究

新型隔震支座由摩擦摆支座和竖向减震装置共同组成，其结构示意图如图 5-15 所示。竖向减震装置通过内外环为圆锥面的弹簧组成，当承受竖向载荷时内圆环受压缩而直径减小，外圆环受拉伸而直径增大，内外圆环沿着圆锥面相对滑动通过摩擦摆耗能产生阻尼效应，从而减弱上部结构在垂向的震动。

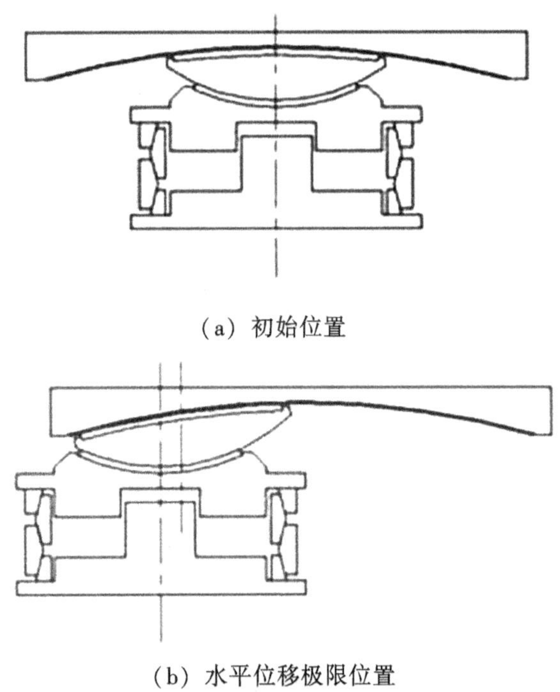

(a) 初始位置

(b) 水平位移极限位置

图 5-15　新型隔震支座结构图

摩擦摆在发生水平滑动时会使上部结构产生竖向位移，为了控制上部结构的竖向位移，将图 5-15 中的新型隔震支座与球型支座进行组合布置，球型支座能够发生转动和水平滑移。球型支座与新型隔震支座共同承受上部结构的重量，在提高新型隔震支座的竖向承载力的同时，可以限制主梁底面和桥墩顶面的间距基本保持不变。当桥梁受到水平力作用时，摩擦摆支座和球型支座在水平方向上产生运动，通过摩擦摆支座可以耗能减震，另一方面竖向间距的限制使主梁产生的竖向位移很小，则竖向减震装置也可以产生往复变形，在竖直方向具备了减震能力。同时竖向载荷的增加也增大了摩擦摆支座需要克服的水平滑动摩擦力，限制了主梁在水平方向的滑动位移。

5.4.4.1 试验样品

本试验新型隔震支座由成都新筑路桥股份有限公司制作，试验样品1如图5-16所示，竖向最大承载力为100t；试验样品2如图5-17所示，内部构造如图5-18所示，竖向承载力为1250t。试验样品2支座上部为摩擦摆支座，下部由8个减震结构并联组成。

（a）内部结构

（b）外圈结构

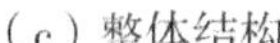

（c）整体结构

（d）检测结构

图5-16　新型隔震支座试验样品1（竖向承载100t）

（a）新型隔震支座实物图

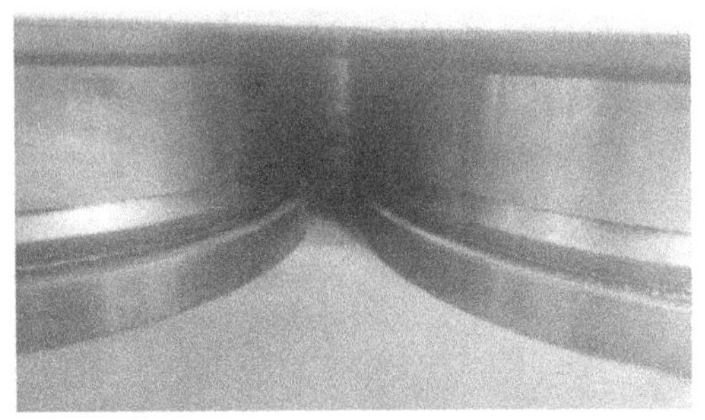

（b）竖向弹簧阻尼器

图 5-17　新型隔震支座试验样品 2（竖向承载 1250t）

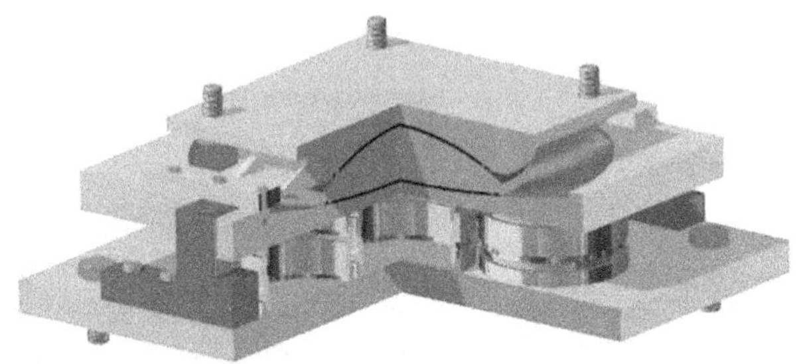

图 5-18　新型隔震支座试验样品 2（竖向承载 1250t）

5.4.4.2 竖向力学性能试验

本节分别对试验样品 1、试验样品 2 进行了竖向力学性能的试验研究，试验现场如图 5-19 所示。试验样品 1 竖向加载曲线如图 5-20 所示，竖向加载幅值为 550kN。试验样品 1 竖向滞回曲线如图 5-21 所示，试验样品 2 竖向滞回曲线如图 5-22 所示。

（a）加载竖向荷载

（b）加载水平位移荷载

图5-19　竖向试验现场图

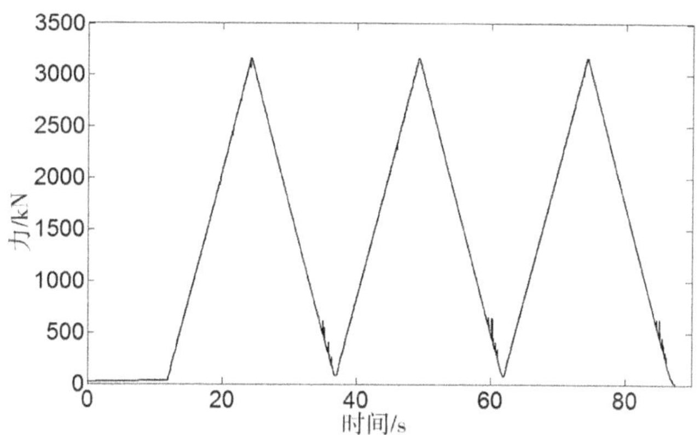

图5-20　试验样品竖向力加载曲线

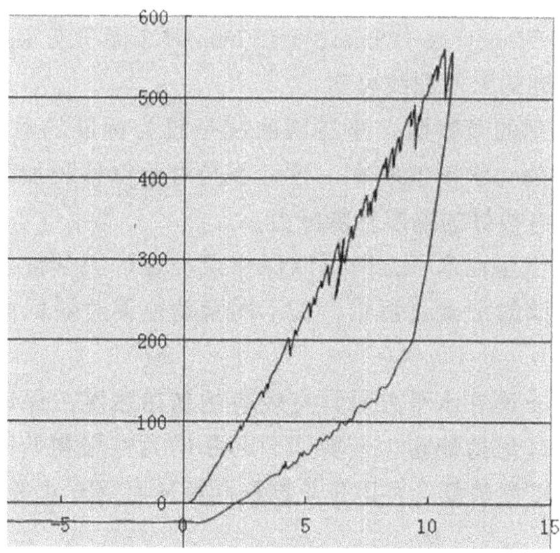

图5-21　试验样品1竖向滞回曲线

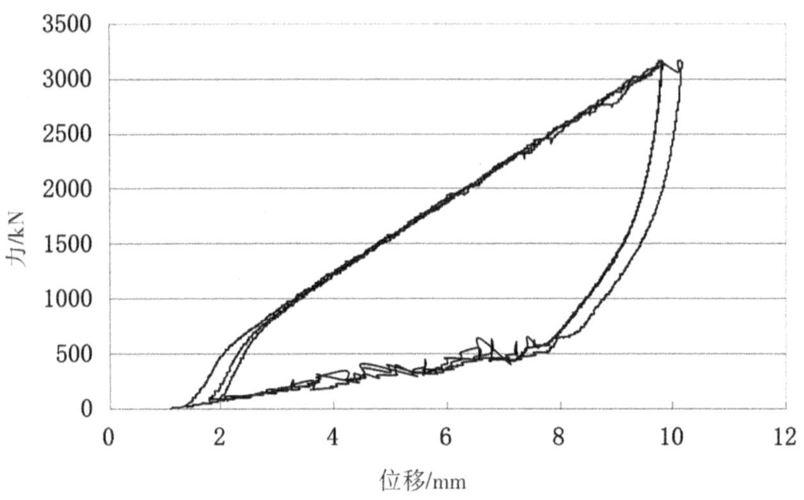

图 5-22　试验样品 2 竖向滞回曲线

5.4.4.3 水平力学性能试验

摩擦摆支座通过水平方向的摩擦耗能减小地震波的输入能量，其水平剪切性能直接决定了摩擦摆支座在水平方向的隔震效果，因此本节对摩擦摆支座（试验样品 2）水平剪切性能进行了试验，主要进行了不同水平滑动位移量对支座水平剪切性能的影响。图 5-23 至图 5-26 分别为水平位移幅值为 ±40mm、±75mm、±115mm、±150mm 时摩擦摆支座水平方向的滞回曲线。由试验得到的滞回曲线可知：

（1）试验得到的摩擦摆支座滞回曲线是较为标准的双线性滞回模型，与本书图 2-3 中的力学模型基本一致，不同滑动位移时加载试验得到的滞回曲线饱满，具有很好的隔震耗能能力。

（2）摩擦摆支座在水平方向可以保持很稳定的力学性能，在水平位移载荷多个循环周期的加载过程中，在不同滑动位移时滞回曲线都保持了较好的重合度。

（3）摩擦摆支座在水平方向具有较高的初始刚度，保证了上部结构在强风或小震作用时保持稳定，当剪切力不断增大克服初始刚度后，支座往复滑动时的摆动刚度较低，可以延长结构周期从而避开地震波的特征周期。

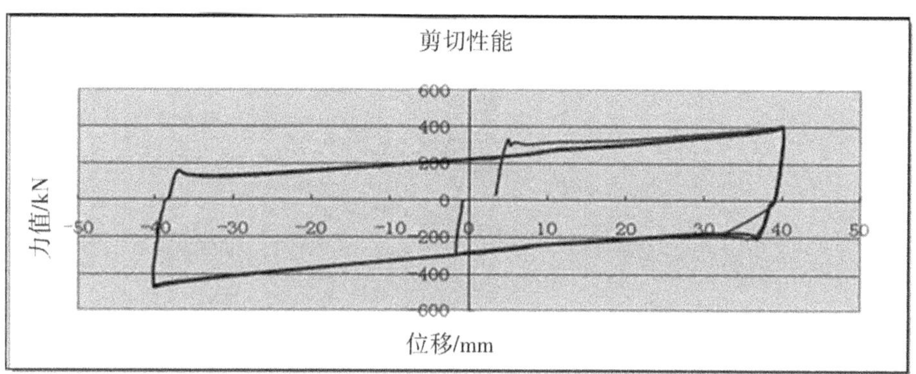

图 5-23　试验样品 2 滞回曲线，水平位移幅值 ±40mm

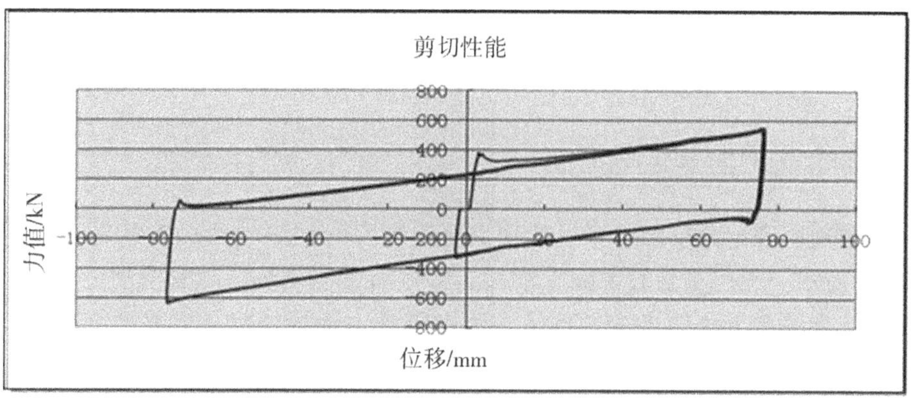

图 5-24　试验样品 2 滞回曲线，水平位移幅值 ±75mm

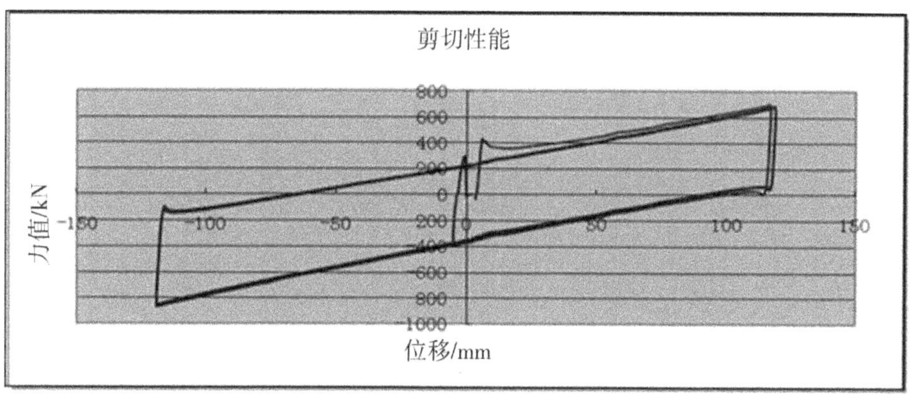

图 5-25　试验样品 2 滞回曲线，水平位移幅值 ±115mm

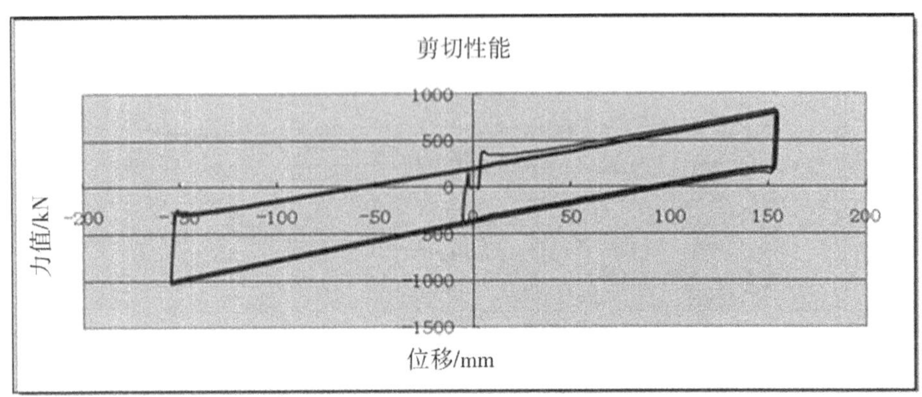

图 5-26　试验样品 2 滞回曲线，水平位移幅值 ±150mm

5.4.5 有限元仿真

5.4.5.1 力学性能分析

由前面理论分析结果可以得到支座的刚度变化曲线分别如图 5-27、图 5-28 所示。支座布置时主梁重量首先由普通支座承载，随着滑动位移的增加，三向隔震支座竖向变性增大，竖向承载力逐渐增加，而普通支座的竖向承载力逐渐减小。图 5-27 为三向隔震支座水平刚度随滑动位移的变化，由计算结果可知随着滑动位移的增加，三向隔震支座水平刚度逐渐增大，

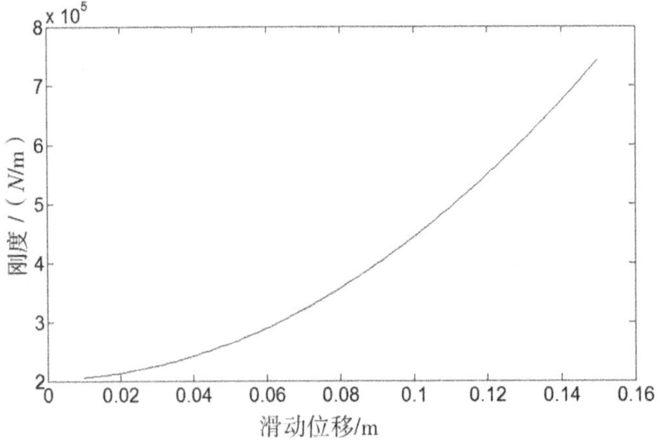

图 5-27　三向隔震支座水平刚度及阻尼比

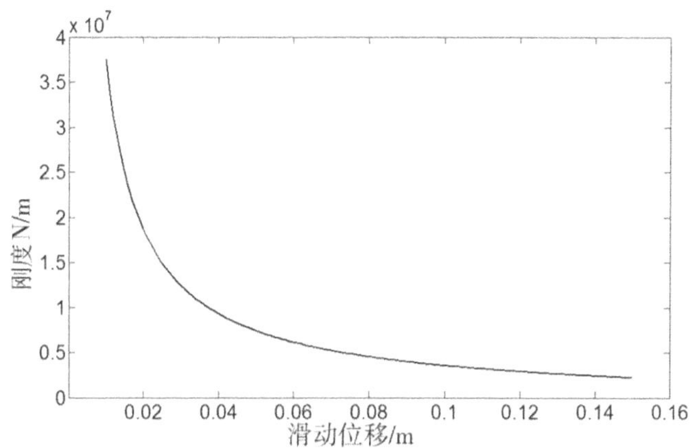

图 5-28　水平耗能支座水平刚度

而水平耗能支座水平刚度逐渐减小。三向隔震支座水平刚度随着自身竖向刚度的增大而增大，而水平耗能支座水平随着三向隔震支座竖向刚度的增大而减小，且均呈现正比例关系。

5.4.5.2 大跨度斜拉桥有限元模型

建立跨度为 30m+120m+30m 的大跨度斜拉桥，如图 5-29 所示。

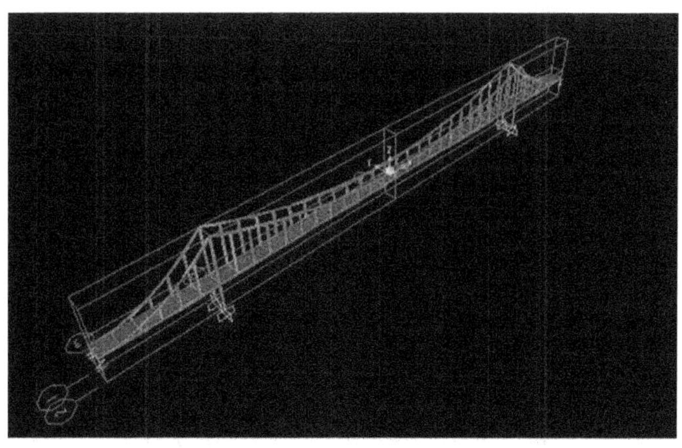

图 5-29　大跨度斜拉桥

为了研究安装初始位置时普通支座承载重量对组合支座地震响应的影响，分别计算普通支座承载为 1W、0.5W 时隔震桥梁的地震响应幅值，普通支座按照前面理论分析进行等效线性化计算并进行建模分析，地震输入波选用 El Centro 地震波，如图 5-30、图 5-31、图 5-32 所示。

图 5-30　三向隔震支座竖向力学参数

图 5-31　三向隔震支座水平向力学参数

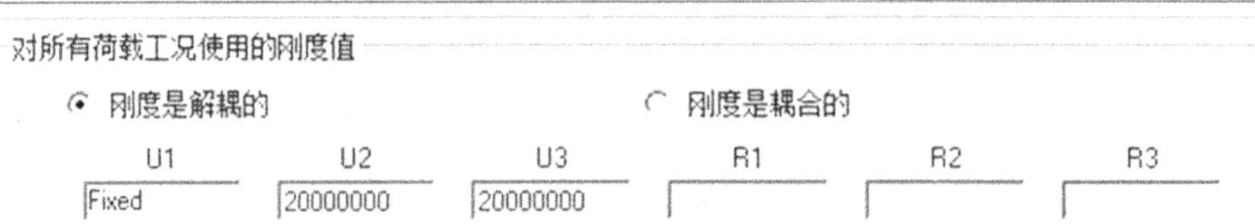

图 5-32　普通支座水平力学性能

由于有限元仿真无法模拟出支座随滑动位移变化过程中水平刚度的变化，因此采用等效线性化方法进行叠加计算，即分别计算初始位置和最终位置时摩擦摆支座的等效刚度，取两者的平均值为有限元仿真模型中的力学参数模型。如果普通支座初始位置时承受的竖向载荷越大，则在整个滑动过程中普通支座水平等效刚度越大，而摩擦摆支座的水平刚度越小，如

图5-33、图5-34所示。

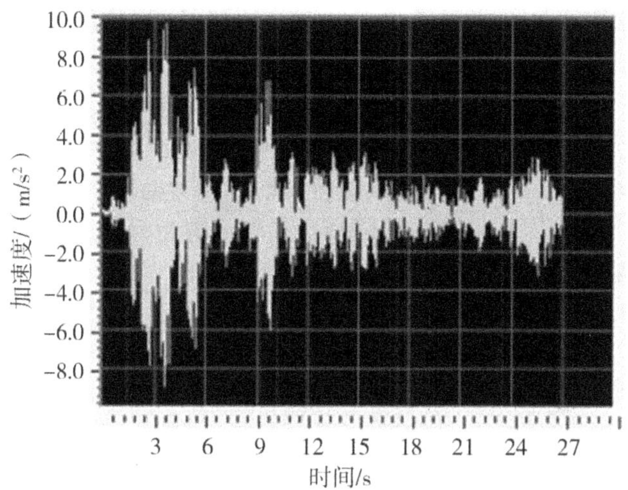

图5-33 普通支座初始承载全部重量时主梁加速度响应

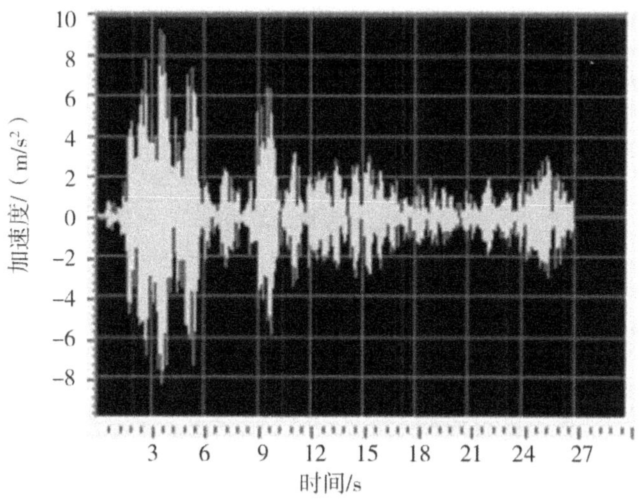

图5-34 普通支座初始承载一半重量时主梁加速度响应

由计算结果可知，普通支座初始位置承载重量对主梁地震加速度响应幅值的影响很小，总体而言主梁加速度幅值随着普通支座初始位置承载重量的减小而减小，因此在设计时可适当减小普通支座初始位置的承载重量。

5.4.5.3 水平抗震性能研究

隔震装置的主要目的是为了减小地震波对桥梁结构的破坏力，主梁加速度及墩底剪力是判断隔震效果的重要参数，因此为了研究摩擦摆等隔震支座在地震波作用下的隔震效果，分别定义加速度及墩底剪力隔震率的计算方法如下：

$$\beta_1 = \frac{a_1}{a_1'} = \frac{\text{隔震桥梁主梁加速度幅值}}{\text{非隔震桥梁主梁加速度幅值}}$$

$$\beta_2 = \frac{f_1}{f_1'} = \frac{\text{隔震桥梁墩底剪力幅值}}{\text{非隔震桥梁墩底剪力幅值}}$$

不同支座动力时程响应如图 5-35 所示。

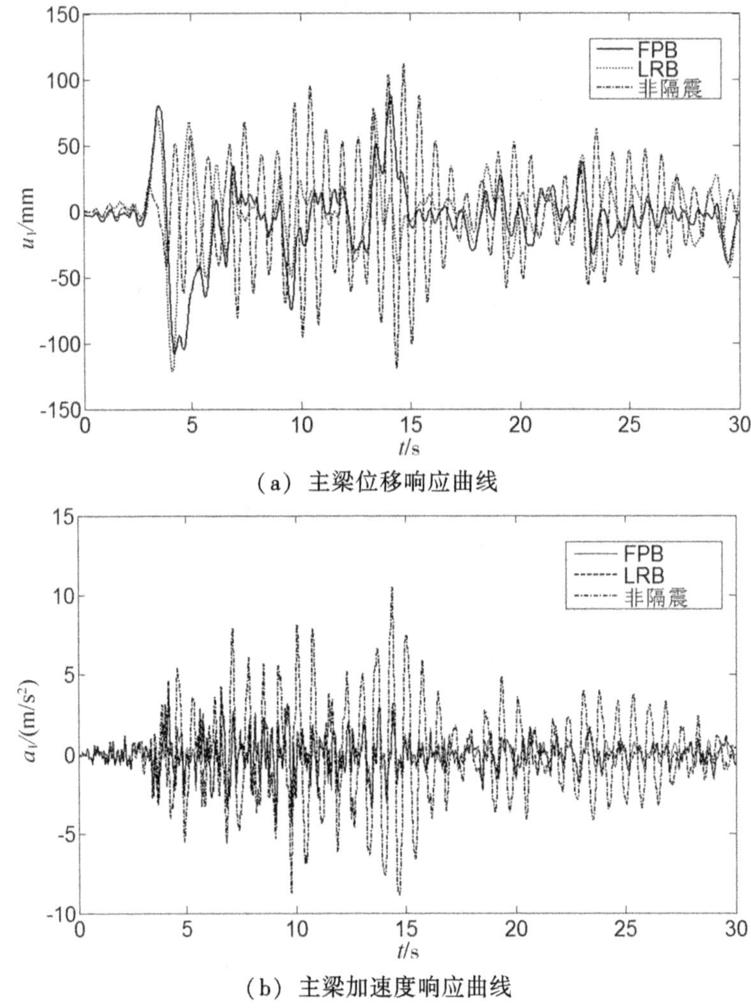

（a）主梁位移响应曲线

（b）主梁加速度响应曲线

图 5-35　不同支座动力时程响应

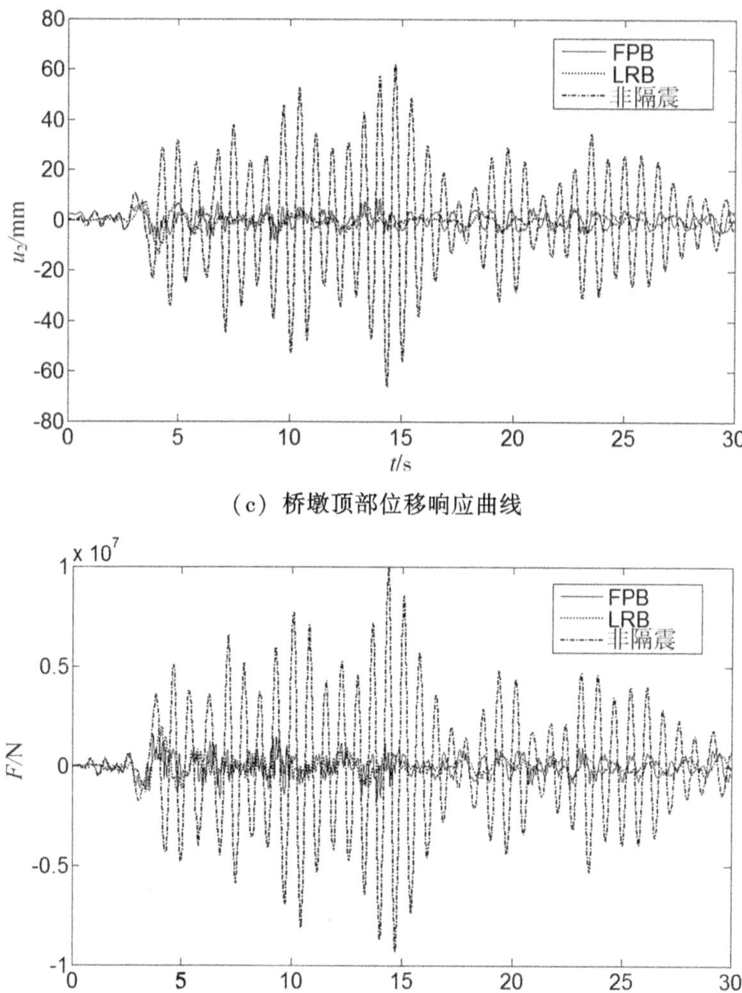

（c）桥墩顶部位移响应曲线

（d）桥墩底部剪力响应曲线

图 5-35　不同支座动力时程响应（续）

由图 5-35 可知，相比于非隔震支座，摩擦摆支座具有较好的隔震能力，能够大大降低主梁的加速度响应、桥墩顶部的变形及整个桥梁基础的剪力幅值，对整个桥梁系统起到保护作用。

5.4.5.4 竖向抗震性能分析

为了研究隔震支座对桥梁系统竖向抗震性能的能力，以大跨度斜拉桥为研究对象，输入 El Centro 地震波，分别研究安装隔震支座和非隔震支座的桥梁系统动力学响应，对结果进行对比分析。

由图 5-36、图 5-37 可知，隔震支座的应用能够有效降低桥梁系统的竖向加速度幅值。隔震与非隔震桥梁竖向加速度幅值分别为 0.18m/s^2、0.24m/s^2，幅值减小了 25%。

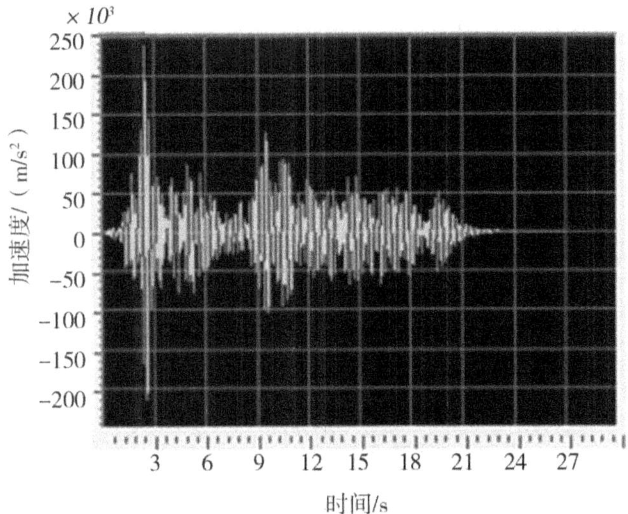

图 5-36　桥梁系统垂向加速度时程响应（隔震支座）

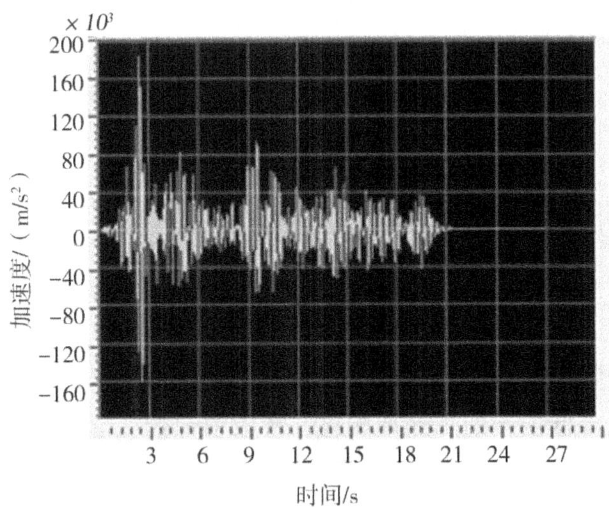

图 5-37　桥梁系统垂向加速度时程响应（非隔震支座）

5.5　本章小结

本章通过摩擦摆支座水平力学性能的试验研究，得到了不同滑动位移时摩擦摆支座的滞回曲线及基本力学参数。试验结果表明，滑动位移对摩擦摆支座的等效刚度、等效阻尼比、振动周期及初始刚度等力学参数均有较大影响，等效刚度及等效阻尼比随着滑动位移量的增大而减小，初始刚度及振动周期随着滑动位移的增加而增大，同时证明了第 2 章中得到的摩擦摆支座滑动位移推荐计算公式对提高隔震桥梁地震响应的计算精度具有重要的意义。与试验结果相比，理论分析得到的摩擦摆支座等效刚度值偏大，等效阻尼比及振动周期值偏小。

第 6 章

结论与展望

6.1 主要结论和创新点

1. 主要结论

以摩擦摆连续梁桥为研究对象，针对摩擦摆支座等效线性化力学模型优化、摩擦摆隔震桥梁地震响应、摩擦摆支座滑道半径及摩擦因数优化设计等问题进行了深入研究，主要研究结论包括：

（1）建立了摩擦摆隔震桥梁非线性动力学有限元模型，研究了地震动特性和摩擦摆支座主要参数对滑动位移的影响，并通过最小二乘法拟合得到了滑动位移的推荐计算公式［式（2-33）］，制定了我国不同抗震设防区域摩擦摆支座设计位移的选取方法（表 2-8）：抗震设防烈度小于等于 7 度的区域应选用设计位移为 ±100mm；一类及二类场地类型区域应选用的设计位移为 ±100mm；抗震设防烈度为 8 度、9 度及以上的三类场地类型应选用的设计位移为 ±200mm；抗震设防烈度为 8 度、9 度及以上的的四类场地类型选用的设计位移为 ±300mm；以罕遇地震波进行设计时，抗震设防烈度为 8 度、9 度及以上时，二类、三类及四类场地类型的设计位移需增加 100mm。最后通过理论动力学和有限元仿真方法分析了不同工况下摩擦摆隔震桥梁的地震响应，结果表明优化后的力学模型得到的主梁位移及加速度幅值、桥墩底部剪力幅值计算精度及随摩擦因数变化趋势更接近于有限元仿真结果，而传统力学模型应用于隔震桥梁的地震响应分析是不合理的。研究结果对《公路桥梁摩擦摆式减隔震支座》(JTT852-2013) 行业标准进行了有效的完善和补充，并对今后摩擦摆支座国家标准的制定和摩擦摆隔震桥梁的工程应用具有较强的理论意义和实用价值。

（2）通过有限元非线性静力学仿真研究了摩擦摆支座不同滑动位移和不同支承作用时的应力及变形分布，结果表明混凝土桥墩支承对摩擦摆支座应力幅值及分布有很大影响，而滑动位移对摩擦摆应力幅值和应力分布的影响较小；上聚四氟乙烯板是摩擦摆支座结构强度安全系数最低的构件，可通过增加四氟乙烯板厚度降低其应力幅值。

（3）对摩擦摆支座在不同地震激励和抗震设防烈度时的隔震率进行了研究，结果表明摩擦摆支座在不同工况时的加速度隔震率可以达到 60% 以上，桥墩底部剪力隔震率可以达到 80% 以上。同时研究了地震波维数对摩擦摆连续梁桥顺桥向地震响应的影响，结果表明当摩擦系数较小时横向输入波对主梁位移幅值影响较大，当摩擦系数较大时横向输入波对桥墩底部剪力幅值影响较大，横向输入波对主梁加速度幅值影响较小，而竖向地震波对隔震桥梁顺桥向地震响应幅值影响均很小。

（4）采用以控制主梁位移和加速度幅值、桥墩底部剪力幅值为目标的多目标优化方法对摩擦摆支座进行了参数优化研究。分析了不同输入地震波时摩擦摆参数对隔震桥梁控制目标的影响规律，研究表明在不同地震激励作用时，动力响应幅值随滑道半径及摩擦因数的变化趋势不同。总体来讲，若以控制主梁位移幅值为目标，应选择较大的摩擦系数；以控制桥墩底部剪力幅值为目标，应选择较小的摩擦系数；以控制主梁加速度幅值为目标，应选择较大的滑道半径。但多目标参数优化设计方法无法得到最优的摩擦摆支座滑道半径和摩擦因数，使隔震桥梁主梁位移及加速度幅值、桥墩底部剪力幅值同时达到最小值。

（5）目前还没有关于隔震桥梁中摩擦摆支座优化设计方法的国家标准及规范，以往针对隔震桥梁的能量响应分析多以控制地震总输入能量为研究目标，且隔震装置为铅芯橡胶支座。因此提出了以控制隔震桥梁结构响应能量为目标，以摩擦摆支座耗能比为限制条件的摩擦摆支座优化设计方法，该方法能够反映出地震波对隔震桥梁的累积破坏效应，弥补多目标参数优化方法存在的不足，为今后摩擦摆支座优化设计方法国家标准的制定提供了解决方法和理论依据。建立了摩擦摆隔震桥梁能量平衡方程并通过MATLAB编程得到了能量响应曲线的求解方法，通过与有限元仿真得到的能量响应曲线对比证明了理论分析结果具有较好的计算精度，最后对不同输入地震激励和抗震设防烈度时摩擦摆支座滑道半径及摩擦因数进行了优化设计分析。研究结果表明，新的优化设计方法能够得到摩擦摆支座最优参数范围使结构响应能幅值达到最小值，同时保证摩擦摆支座具有较高的耗能比。最优摩擦因数应随着抗震设防烈度的提高而适当增大，在设计允许条件下应尽可能增大摩擦摆滑道半径，地震激励对摩擦摆支座最优参数范围选取的影响很大。

（6）对摩擦摆支座水平力学性能进行了试验研究，研究结果表明，摩擦摆支座在水平方向具有稳定的隔震耗能能力，而滑动位移对摩擦摆支座的等效刚度、等效阻尼比及隔震周期等力学参数有很大影响，等效刚度及等效阻尼比随着滑动位移量的增大而减小，初始刚度及振动周期随着滑动位移的增加而增大，研究结果证明了第2章得到的滑动位移推荐计算公式对提高隔震桥梁地震响应计算精度具有重要的意义，同时为《公路桥梁摩擦摆式减隔震支座》行业标准的完善和补充提供了试验依据。

2. 创新点

本书的主要创新点有：

（1）得到了摩擦摆支座滑动位移的推荐计算公式，并制定了我国不同抗震设防区域摩擦摆支座设计位移的选取原则，通过算例分析表明优化后的摩擦摆支座力学模型应用于隔震桥梁动力学分析具有更高的计算精度，研究结果对摩擦摆支座行业标准进行了完善和补充，并且为今后国家标准和设计规范的制定提供了理论依据。

（2）提出了摩擦摆支座在隔震桥梁中的能量吸收准则，以控制隔震桥梁结构响应能幅值为目标建立了摩擦摆支座优化方法，并通过算例分析得到了不同地震激励时摩擦摆支座滑道半径和摩擦因数的最优值范围。

6.2　展望

本书对摩擦摆连续梁桥的地震响应和摩擦摆支座参数优化设计进行了较为全面的分析和研究，由于本人的时间精力所限及所研究问题的复杂性，以下问题有待展开更加深入的研究：

（1）展开摩擦摆隔震桥梁全桥模型的试验研究，验证本书理论分析及有限元仿真得到的桥梁动力学响应和摩擦摆支座参数优化结果的精确度。

（2）本书主要以规则型连续梁桥为研究对象展开了一系列的研究，但目前桥梁种类繁多，大跨度斜拉桥、悬索桥、拱桥等类型的桥梁结构已广泛应用于工程实践，因此需要对不同类型的桥梁采用摩擦摆隔震装置的隔震效果展开进一步的研究。

参考文献

[1] Vidhi Patel, Abhijitsinh Parmar, Mittal Patel, Urita Mehta. Seismic response control of asymmetric building using visco-elastic damper [J]. International Journal of Civil Engineering and Technology. 2014, 5(12): 282-291.

[2] 刘哲锋. 地震能量反应分析方法及其在高层混合结构抗震评估中的应用 [D]. 长沙: 湖南大学, 2006: 1-16.

[3] 丁剑霆, 姜淑珍, 包峰. 唐山地震桥梁震害回顾 [J]. 世界地震工程, 2006, 22 (1): 68-71.

[4] 李鸿晶, 陆鸣, 温增平, 等. 汶川地震桥梁震害的特征 [J]. 南京工业大学学报, 2009, 31 (1): 24-29.

[5] 陈亮, 任伟新, 张广峰, 等. 基于性能的桥梁抗震设计中考虑持时的实际地震波优化选择方法[J]. 振动与冲击, 2015,34(3): 35-42.

[6] Woo-Suk Kim, Dong-Joon Ahn, Jong-Kook Lee. A study on the seismic isolation systems of bridges with lead rubber bearing [J]. Open Jouranl of Civil Engineering, 2014 (4): 361-372.

[7] Ken Yeh. Adaptive fuzzy control for earthquake-excited buildings with lead rubber bearing isolation [J]. International Journal of the Physical Sciences, 2011, 6 (6): 1283-1292.

[8] Tsai C S, Lin Y C, Su H C. Characterization and modeling of multiple friction pendulum isolation system with numerous sliding interfaces[J]. Earthquake Engineering and Structural Dynamics, 2010(39): 1463-1491.

[9] Panchal V R, Jangid R S. Variable friction pendulum system for seismic isolation of liquid storage tanks [J]. Nuclear Engineering and Design, 2008 (238): 1304-1315.

[10] 张颖. 层间隔震体系的减震机理与减震性能研究 [D]. 长沙: 湖南大学, 2009: 1-30.

［11］刘文静. LRB隔震桥梁的可靠性与等效线性化方法研究［D］. 武汉：华中科技大学，2010：1-26.

［12］Mokha A, Constantinou M C, Reihorn A M. Experimental Study of Friction Pendulum Isolation System[J]. Journal of Structural Engineering, ASCE, 1991, 117(4): 1201-1207.

[13] Tsopelas P, Constantinou M C, Kim Y S, Okamoto S. Experimental Study of FPS System in Bridge Seismic Isolation[J]. Earthquake Engineering and Structural Dynamics, 1996, 25(1): 65-78.

[14] Zayas V, Low S, Mahin S. The FPS Earthquake Resisting System Experimental Report[R]. California: University of California at Berkeley, 1987: 15-63.

[15] Zordan T, Liu T, Briseghella B, Zhang Q L. Improved equivalent viscous damping model for base-isolated structures with lead rubber bearings[J]. Engineering Structure, 2014(75): 340-352.

[16] Chou Y S, Park J, Choi I K. Effects of mechanical property variability in lead rubber bearings on the response of seismic isolation system for different ground motions[J]. Nuclear Engineering and Technology, 2014, 46(5): 605-618.

[17] Lee H P, Cho M S, Kim S, Park J Y, Jang K S. Experimental study on the compressive stress dependency of full scale low hardness lead rubber bearing[J]. Structural Engineering and Mechanics, 2014, 50(1): 89-103.

[18] Robinson W H. Recent research and applications of seismic isolation in New Zealand[J]. Bulletin of the New Zealand National Society for Earthquake Engineering[J]. 1995, 28(4): 253-264.

[19] Hwang J S, Chiou J M, Sheng L H, Gates J H. A refined model for base-isolated bridges with bi-linear hysteretic bearings[J]. Earthquake Spectra, 1996, 12(2): 245-273.

[20] Gokhan Ozdemir. Lead core heating in lead rubber bearings subjected to bidirectional ground motion excitations in various soil types[J]. Earthquake Engineering and Structural Dynamics, 2014, 43(2): 267-285.

[21] Kim D, Oh J, Do J, Park J. Effects of thermal aging on mechanical properties of laminated lead and natural rubber bearing[J]. Earthquakes and Structures,

2014, 6(2): 127-140.

[22] Jin Yong Park, Kwang-Seok Jang, Hong-Pyo Lee. Experimental Study on the Temperature Dependency of Full Scale Low Hardness Lead Rubber Bearing [J]. Journal of the Computational Structural Engineering Institute of Korea, 2012, 25(6): 533-540.

[23] Kalpakidis I V, Constantinou M C. Principles of scaling and similarity for testing of lead-rubber bearings[J]. Earthquake Engineering & Structural Dynamics, 2010, 39(13): 1551-1568.

[24] Ioannis V K, Michael C C. Effects of heating and load history on the behavior of lead-rubber bearings[R]. State University of New York, 2008: 34-61.

[25] Olmos B A, Roesset J M. Effects of the nonlinear behavior of lead-rubber bearing on the seismic response of bridges[J]. Earthquake and Structures, 2010, 1(2): 215-230.

[26] 江宜城，聂肃非，叶志雄，等. 多铅芯橡胶隔震支座非线性力学性能试验研究及其显式有限元分析[J]. 工程力学, 2008, 25(7)：11-17.

[27] 李祯，李向真，向伟明，等. 铅芯橡胶隔震支座水平双向试验研究[J]. 广州大学学报，2011，10（3）：62-66.

[28] 杨凤利，钟铁毅，夏禾. 铅芯橡胶桥梁隔震支座屈服比的优化及设计应用［J］. 中国铁道科学，2010，31（2）：34-39.

[29] 辛伟，王海洋，李政，等. 铅芯直径对铅芯橡胶隔震支座极限剪切性能的影响分析［J］. 河南科学，2014，32（10）：2044-2047.

[30] 吴彬. 铅芯橡胶支座力学性能及其在桥梁工程中减、隔震应用的研究[D]. 北京：铁道科学研究院，2003：1-15.

[31] 聂肃非.连续梁橡胶铅芯隔震支座的力学性能研究与应用［D］. 武汉：华中科技大学，2010：1-14.

[32] 刘文静. LRB 隔震桥梁的可靠性与等效线性化方法研究［D］. 武汉：华中科技大学，2010：1-16.

[33] Tsopelas P，Constantinou M C，Kim Y S，Okamoto S. Experimental Study of FPS System in Bridge Seismic Isolation［J］. Earthquake Engineering and Structural Dynamics，1996，25（1）：65-78.

[34] 周云，龚健. 摩擦摆隔震技术研究和应用的回顾与前瞻（Ⅱ）——摩

擦摆隔震结构的性能分析及摩擦摆隔震技术的应用［J］. 工程抗震与加固改造，2010，32（4）：1-19.

［35］陈永祈，杨风利，刘林. 摩擦摆隔震桥梁的设计及应用［J］. 工业建筑，2009，39（增）：256-261.

［36］Constantinou M C，Caccese J，Harris H G. Frictional characteristics of teflon-steel interfaces under dynamic conditions［J］. Earthquake Engineering and Structural Dynamics，1987，15（6）：751-759.

［37］Mokha A S，Constantinou MC，Reinhorn A M. Teflon bearing in base Isolation I：Testing［J］. Journal of Structural Engineering，1990，116（2）：438-454.

［38］Mokha A，Constantinou M C，Reinhorn A. Verification of friction model of teflon bearings under triaxial load［J］. Journal of Structural Engineering，1993，119（1）：240-261.

［39］Eric Abrahamson,Steve Mitchell.Steve Mitchell.Seismic response modification device elements for bridge structures development and verification［J］. Computers & Structures，2003，81（8-11）：463-467.

［40］Fenz D M，Constantinou M C. Behaviour of the double concave friction pendulum bearing［J］. Earthquake Engineering & Structural Dynamic，2006，35（11）：1403-1424.

［41］Tsai C S，Su H C，Chiang T C. Equivalent series system to model a multiple friction pendulum system with numerous sliding interfaces for seismic analyses［J］. Earthquake Engineering and Engineering Vibration，2014，13（1）：85-99.

［42］龚健，周云. 摩擦摆隔震技术研究和应用的回顾与前瞻(I)——摩擦摆隔震支座的类型与性能［J］. 工程抗震与加固改造，2010，32(3)：1-10.

［43］龚健，周云. 摩擦摆隔震技术研究和应用的回顾与前瞻（I）——摩擦摆隔震结构的性能分析及摩擦摆隔震技术的应用［J］. 工程抗震与加固改造，2010，32（4）：1-19.

［44］刘昕铭. 摩擦摆支座动态性能研究［D］. 成都：西南交通大学，2012：10-31.

[45] 龚健,邓雪松，周云. 摩擦摆隔震支座理论分析与数值模拟研究[J]. 防灾减灾工程学报，2011，31（1）：56-62.

[46] 李大望，周锡元，王东炜. 摩擦摆系统振动性态的进一步分析 [J]. 振动工程学报，2001，14（3）：330-333.

[47] 李大望，关罡，赵卓. 摩擦摆系统稳态随机响应预测 [J]. 世界地震工程，2000，16（3）：101-104.

[48] 李大望，霍达，周锡元. 摩擦摆系统稳态响应概率分布研究 [J]. 振动与冲击，2002，21（1）：66-68.

[49] 孙敏,李大望,王勇. 摩擦摆隔震结构响应的 SIMULINK 仿真模型[J]. 河南科学，2005，23（3）：396-399.

[50] 涂劲松，李珠，刘元珍. 摩擦摆隔震支座振动台试验、数值仿真及应用研究 [J]. 世界地震工程，2014，30（2）：237-246.

[51] 邓雪松,龚健,周云. 变曲率摩擦摆隔震支座理论分析与数值模拟[J]. 土木建筑与环境工程，2011，33（1）：50-58.

[52] 邓雪松,龚健,周云. 双凹摩擦摆隔震支座理论分析与数值模拟研究[J].广州大学学报，2010，9（4）：71-77.

[53] 王兴国，张松，苏幼坡. 单层 FPS 隔震结构的平移—扭转耦合性能分析 [J]. 地震工程与工程振动，2006，26（3）：203-205.

[54] 薛素铎,潘克君,李雄彦. 竖向抗拔摩擦摆支座力学性能的试验研究[J].土木工程学报，2012，45（2）：6-10.

[55] 逯久喜，逯宗典，王琦，等. 摩擦摆式抗震支座在大跨铁路桥梁中的应用 [J]. 国防交通工程与技术，2012（4）：75-77.

[56] 聂肃非. 连续梁桥橡胶铅芯隔震支座的力学性能研究及应用 [D]. 武汉：华中科技大学，2010：1-23.

[57] Hwang J S,Chang K C,Tsai M H.Composite damping ration of seismically isolated regular bridges[J].Engineering Structure,1997,19(1):55-62.

[58] Suhasini N W,Jangid R S.Control of seismically excited benchmark highway bridge with variable frequency pendulum isolator[J].International Journal of Structural Engineering,2012,3(1-2):83-117.

[59] Claudia C M M. Experimental and analytical study of the XY-friction pendulum bearing (XY - FP) for bridge application [D]. Doctor of

Philosophy, 2006: 24-312.

[60] Jerry Shen, Meng-Hao Tsai, Kuo-Chun Chang, George C. Lee. Performance of a seismically isolated bridge under near-fault earthquake ground motions [J]. Journal of Structural Engineering, 2004 (130) : 861-868.

[61] Kunde M C, Jangid R S. Seismic behavior of isolated bridges: A-state-of-the-art review [J]. Electronic Journal of Structural Engineering, 2003 (3): 140-170.

[62] Dicleli M, Mansour M Y. Seismic retrofitting of highway bridges in Illinois using friction pendulum seismic isolation bearings and modeling procedures [J]. Engineering Structures, 2003 (25): 1139-1156.

[63] Jangid R S. Equivalent linear stochastic seismic response of isolated bridges [J]. Journal of Sound and Vibration, 2008 (309): 805-822.

[64] Murat Dicleli, P. E., ASCE M. Seismic design of lifeline bridge using hybrid seismic isolation[J].Journal of Bridge Engineering,2002(7):94-103.

[65] Sevket Ates, Michael C C. Example of application of response spectrum analysis for seismically isolated curved bridges including soil-foundation effects [J]. Soil Dynamics and Earthquake Engineering, 2011 (31): 648-661.

[66] Murat Eröz, Reginald DesRoches. The influence of design parameters on the response of bridges seismically isolated with the Friction Pendulum System (FPS) [J]. Engineering Structures, 2013 (56): 585-569.

[67] Bedon C, Morass A. Dynamic testing and parameter identification of a base-isolated bridge [J]. Engineering Structurals, 2014 (60): 85-99.

[68] Siqueira G H, Sanda A S, Paultre P, Padgett J E. Fragility curves for isolated bridges in eastern Canada using experimental results [J]. Engineering Structures 2014 (74): 311-324.

[69] Atmaca B, Yurdakul M, Ates S. Nonlinear dynamic analysis of base isolated cable-stayed bridge under earthquake excitations [J]. Soil Dynamics and Earthquake Engineering, 2014 (66): 314-318.

[70] Krishnamoorthy A. Seismic isolation of bridges using variable frequency and variable friction pendulum isolator system [J]. Structural Engineering In-

ternational, 2010, 20 (2): 178-184.

[71] Yurdakul M, Ates S, Altunisik A C. Comparison of the dynamic responses of Gulburnu Highway Bridge using single and triple concave friction pendulums [J]. Earthquake and Structures, 2010, 20 (2): 178-184.

[72] P.Tsopelas, Constantinou M C, Kim Y S, Okamoto S. Experimental study of FPS system in bridge seismic isolation [J]. Earthquake Engineering and Structural Dynamics, 1996 (25): 65-78.

[73] 李正英. 大跨度拱桥地震反应特性及减震控制研究 [D]. 重庆: 重庆大学, 2008: 17-159.

[74] 徐凯燕.大跨度斜拉桥非线性地震反应时程分析及减、隔震研究[D]. 广州: 华南理工大学, 2009: 24-97.

[75] 岳福青. 地震作用下隔震高架桥梁的碰撞反应及控制 [D]. 天津: 天津大学, 2007: 27-107.

[76] 于芳. 列车荷载及地震作用下隔震铁路桥梁的动力性能研究 [D]. 哈尔滨: 哈尔滨工业大学, 2010: 75-105.

[77] 吴彬.铅芯橡胶支座力学性能及其在桥梁工程中减、隔震应用的研究[D].北京: 铁道科学研究院, 2003: 68-110.

[78] 王常峰. 桥梁结构非线性地震反应研究 [D]. 兰州: 兰州交通大学, 2010: 17-159.

[79] 贾俊峰. 桥梁三维隔震分析与试验研究 [D]. 哈尔滨: 哈尔滨工业大学, 2011: 24-145.

[80] 罗列,陈水生.铅芯橡胶支座隔震桥双向地震响应影响因素研究[J]. 四川理工学院学报, 2008, 21 (6): 113-116.

[81] 陈永祁, 杨凤利, 刘林. 摩擦摆隔震桥梁的设计及应用 [J]. 工业建筑, 2009, 39 (增刊): 256-261.

[82] 陈永祁, 王静, 刘林. 国外减隔震桥梁的失效分析 [J]. 工程抗震与加固改造, 2008, 30 (5): 41-47.

[83] 陈令坤, 蒋丽忠, 王丽萍, 等. 高速铁路铅芯橡胶支座桥梁隔震研究 [J]. 华中科技大学学报, 2012, 40 (1): 77-81.

[84] 田力, 李忠献. 地下爆炸波冲击下隔震连续梁桥动力响应分析 [J]. 天津大学学报, 2005, 38 (7): 602-610.

[85] 张俊平,周福霖,廖蜀樵,等.桥梁减隔震体系振动台试验研究——隔震桥梁的设计方法探讨[J].地震工程与工程振动, 2002, 22(3): 149-153.

[86] 张永亮, 张跃进, 王常峰. 竖向地震动对摩擦摆支座隔震桥梁地震反应的影响 [J]. 兰州交通大学学报, 2012, 31 (1): 18-22.

[87] Raul D B, Vitelmo V B. Performance based seismic engineering: the need for a reliable conceptual comprehensive approach [J]. Earthquake Engineering and Structural Dynamics, 2002, 31 (3): 627-652.

[88] Giuseppe C M, Sara Sgobba. Stochastic energy analysis of seismic isolated bridges[J]. Soil Dynamics and Earthquake Engineering, 2007 (27): 759-773.

[89] Michel Bruneau, Niandi Wang. Some aspects of energy methods for the inelastic seismic response of ductile SDOF structures [J]. Engineering Structures, 1996, 18 (1): 1-12.

[90] Marano G C, Greco R. Efficiency of base isolation system in structural seismic protection and energetic assessment [J]. Earthquake Engineering and Structural Dynamic, 2003, 32 (10): 1505-1531.

[91] Ali Habibi, Ricky W K, Faris Albermani. Energy - based method for seismic retrofitting with passive energy dissipation systems [J]. Engineering Structures, 2013 (46): 77-86.

[92] Amnart Khampanita, Sutat Leelataviwata, Jensak Kochaninb, Pennung Warnitchaic. Energy-based seismic strengthening design of non-ductile reinforced concrete frames using buckling - restrained braces [J]. Engineering Structures, 2014 (81): 110-122.

[93] Jae - Do Kang, Hiroshi T. Seismic performance of steel structures with seesaw energy dissipation system using fluid viscous dampers [J]. Engineering Structures, 2013 (56): 431-552.

[94] 李宇, 车艳阳, 王森. 梁式桥抗震设计的地震能量反应谱分析 [J]. 土木工程学报, 2015, 48 (1): 83-89.

[95] 周勇军, 张晓栋, 宋一凡, 等. 高墩连续刚构桥纵向振动基频的能量法计算公式 [J]. 长安大学学报, 2013, 33 (3): 48-53.

[96] 王建强，王建亮. 摩擦摆基础隔震结构能量反应影响因素分析 [J]. 河南科学，2013，28 (3)：302-304.

[97] 欧进萍，吴斌，龙旭. 耗能减震结构的抗震设计方法 [J]. 地震工程与工程振动，1988，18 (2)：98-107.

[98] 韩宁. 滑移隔震结构耗能机制研究与隔震效果分析 [D]. 郑州：郑州大学，2007：5-12.

[99] 宋子文. 自复位耗能支撑结构的地震响应分析 [D]. 哈尔滨：哈尔滨工业大学，2010：24-47.

[100] 马千里. 钢筋混凝土框架结构基于能量抗震设计方法研究 [D]. 北京：清华大学，2009：45-72.

[101] 刘哲锋. 地震能量反应分析方法及其在高层混合结构抗震评估中的应用 [D]. 长沙：湖南大学，2006：33-48.

[102] 钟铁毅，杨凤利，夏禾. 基于能量法的铅芯橡胶支座隔震桥梁设计方法 [J]. 中国铁道科学，2009，30 (2)：43-47.

[103] 杨凤利. 铁路桥梁减隔震设计方法及设计参数研究 [D]. 北京：北京交通大学，2007：54-83.

[104] 禹辉君. 基于能量方法的大跨度拱桥抗震性能及试验研究 [D]. 广州：广州大学，2012：13-34.

[105] Zordan T, Liu T, Briseghella B, Zhang Q L. Improved equivalent vicious damping model for base - isolated structures with lead rubber bearings [J]. Engineering Structures, 2014, 75: 340-352.

[106] Thuy D V, Dookie Kim, Sung Gook Cho. Updating of analytical model to consider aging effects of lead-rubber bearings for the seismic design of base-isolated nuclear power plants[J]. Nuclear Technology, 2013, 182(1): 75-83.

[107] Weisman J, Wanr G P. Stability of elastomeric and lead-rubber seismic isolation bearing [J]. Journal of Structure Engineering - ASCE, 2012, 138 (2): 214-222.

[108] Okamura S, Fujita S, Ikenaga M. Motion analysis of pendulum-type isolation systems during earthquakes: Dynamic test and response analysis on a three story story steel frame model supported by four friction pendulum

bearings [J]. Journal of Pressure Vessel Technology Transactions of the ASME, 2004, 126 (1): 34-45.

[109] Eroz M, DesRoches R. The influence of design parameters on the response of bridges seismically isolated with the Friction Pendulum System (FPS)[J]. Engineering Structures, 2013, 56: 585-599.

[110] Madhekar S N, Jangid R S. Seismic performance of benchmark highway bridge with variable friction pendulum system [J]. Advances in Structural Engineering, 2010, 13 (4): 561-589.

[111] JB/T852-2013. 公路桥梁摩擦摆式减隔震支座 [S]. 北京：人民交通出版社，2013：1-8.

[112] 庄军生. 桥梁减震、隔震支座和装置 [M]. 北京：中国铁道出版社，2012：70-90.

[113] 巫伟. 摩擦摆隔震结构分析 [D]. 北京：北京交通大学，2007：15-30.

[114] 郑健. 中国高速铁路桥梁[M].北京:高等教育出版社，2008：140-250.

[115] Hwang J S, Sheng L H. Equivalent elastic seismic analysis of base-isolated bridges with lead-rubber bearing [J]. Engineering Structures, 1994, 16 (3): 201-209.

[116] GB50111-2006. 铁路工程抗震设计规范 [S]. 2009年版. 北京：中国建筑工业出版社，2009.

[117] 陈昌宏. SAP2000结构工程案例分析 [M]. 北京：冶金工业出版社，2010.

[118] 刘岳兵. 铁路桥梁支座数值仿真研究 [D]. 成都：西南交通大学，2011：26-33.

[119] 何维. 桥梁支座结构分析及疲劳性能研究 [D]. 成都：西南交通大学，2012：17-36.

[120] Kim YS, Yun CB. Seismic response characteristics of bridges using double concave friction pendulum bearings with tri-linear behavior [J]. Engineering Structures, 2007, 29 (11): 3082-3093.

[121] Drozdov YN., Nadein V.A., Puchkon V.N..The effect of earthquake param-

eters on the tribological characteristics of friction pendulum bearings (seismic isolators)[J].Journal of Machinery Manufacture and Reliability,2007,36(2):143-152.

[122] 吴晶莹，李建中，管仲国. 双向耦合效应对 FPS 隔震桥梁地震响应的影响 [J]. 振动与冲击，2011，30 (2)：119-123.

[123] 庄茁. 基于 ABAQUS 的有限元分析和应用 [M]. 北京：清华大学出版社，2008：42-156.

[124] 王宏谋. 桥梁盆式橡胶支座的研究与应用 [D]. 成都：西南交通大学，2008：19-35.

[125] 李军. 超大吨位球型支座的结构设计 [D]. 重庆：重庆大学，2006：9-22.

[126] 庄学真，周福霖，魏陆顺. 桥梁球型支座力学性能试验研究 [J]. 哈尔滨商业大学学报，2005，4 (21)：199-201.

[127] Ozdemir G. Formulations of equivalent linearization of lead - rubber bearings for incorporating the effect of lead core heating [J]. Earthquake Spectra, 2015, 31 (1): 317-326.

[128] Yunxin Chen.Bridge with lead rubber bearing finite element analysis based on ANSYS[J].Advanced Materials Research,2014,937:428-432.

[129] ASSHTO. Guide specifications for seismic isolation design [M]. Washington DC American Association of State Highway and Transport Officials, 1991.

[130] 何力. 框架结构基于能量的试验和抗震设计方法研究 [D]. 合肥：合肥工业大学，2001：1-8.

[131] Khampanit A, Leelataviwat S, Kochanin J, Warnitchai P. Energy-based seismic strengthening design of non - ductile reinforced concrete frames using buckling - restrained braces [J]. Engineering Structures, 2014, 81: 110-122.

[132] 杜修力，韩强，刘文光. 考虑双向耦合非线性的 FRB 隔震桥梁地震反应分析 [J]. 工程力学，2008，25 (3)：75-79.

[133] 叶列平，廖志伟，程光煜，等. 建筑结构基于能量抗震设计方法研究 [J]. 工程力学，2014，321 (6)：1-12.

[134] 江辉. 近场地震下桥梁结构基于性能抗震设计的能量方法 [D]. 北京：北京交通大学，2007：106-182.

[135] Lee G C, Ou Y C, Niu T C, Song J W, Liang Z. Characterization of a roller seismic isolation bearing with supplemental energy dissipation for highway bridges [J]. Journal of Structural Engineering-ASCE, 2010, 136 (5): 502-510.

[136] 李菊芳. 建筑结构基于能量的地震反应分析及设计方法 [D]. 西安：西安建筑科技大学，2004：16-23.

[137] 赵海滨. MATLAB 应用大全[M]. 北京：清华大学出版社，2012：388-484.

攻读博士学位期间的学术成果

发表的论文

[1] Bing Li, Shaohua Wang, Xiao Wu, Bin Wang. Dynamic response of continuous beams with discrete viscoelastic supports under sinusoidal loading [J]. International Journal of Mechanical Sciences, 2014 (86): 76-82. (SCI: 000341338700011)

[2] 李冰，王少华，邓斌. 摩擦摆支座在高速铁路桥梁中的隔震性能研究 [J]. 机械科学与技术，2015，34 (3)：339-343. (CSCD 核心期刊)

[3] 李冰，王少华，邓斌. 摩擦摆隔震桥梁简化力学模型动力学分析 [J]. 机械强度. (已录用，CSCD 核心期刊)

[4] 李冰，王少华，邓斌，等. 摩擦摆支座动力响应及隔震性能分析 [J]. 机械强度，2014，36 (3)：432-437. (CSCD 核心期刊)

[5] 李冰，王少华，严情木. 基于 ABAQUS 非线性接触分析的球型支座转动性能及结构分析 [J]. 铁道建筑，2012 (11)：10-13. (中文核心期刊)

[6] Bing Li, Shaohua Wang, Xiao Wu, Bin Wang. Seismic response of continuous beam bridges with friction pendulum bearing based on energy analysis [J]. (SCI，审稿中)

参加的课题

1. “十二五”交通运输重大科技专项 (2011318494180)，特大型桥梁综合防灾减灾技术系统与装备研发，2011-2015，主研。
2. 四川省国际合作研究计划 (2014HH0022)，大位移模数式桥梁伸缩缝耦合动力学分析及结构优化，2013-2014，主研。
3. 江阴长江公路大桥主缆检查车总体设计，2013-2014，参与。